成都市智能制造产业生态圈蓝皮书

（2019）

CHENGDU SHI ZHINENG ZHIZAO

CHANYE SHENGTAIQUAN LANPISHU（2019）

成都市经济和信息化局　编著

西南财经大学出版社

中国·成都

图书在版编目（CIP）数据

成都市智能制造产业生态圈蓝皮书.2019/成都市经济和信息化局
编著.—成都：西南财经大学出版社，2021.2
ISBN 978-7-5504-4799-8

Ⅰ.①成…　Ⅱ.①成…　Ⅲ.①智能制造系统—制造工业—产业
发展—研究报告—成都—2019　Ⅳ.①F426.4

中国版本图书馆 CIP 数据核字（2021）第 012522 号

成都市智能制造产业生态圈蓝皮书（2019）

CHENGDU SHI ZHINENG ZHIZAO CHANYE SHENGTAIQUAN LANPISHU（2019）

成都市经济和信息化局　编著

责任编辑	王利
封面设计	墨创文化
责任印制	朱曼丽
出版发行	西南财经大学出版社（四川省成都市光华村街55号）
网　　址	http://www.bookcj.com
电子邮件	bookcj@foxmail.com
邮政编码	610074
电　　话	028-87353785
照　　排	四川胜翔数码印务设计有限公司
印　　刷	四川五洲彩印有限责任公司
成品尺寸	210mm×285mm
印　　张	6.75
字　　数	71 千字
版　　次	2021 年 2 月第 1 版
印　　次	2021 年 2 月第 1 次印刷
书　　号	ISBN 978-7-5504-4799-8
定　　价	58.00 元

前　言

　　作为新一代信息技术与先进制造业深度融合的新型生产方式，智能制造是新工业革命的核心与引领，已成为制造业变革的趋势，是推动制造转型升级的重要抓手，发展智能制造是抢占城市竞争新优势的战略举措。智能制造产业生态圈作为成都市14个产业生态圈之一，经过三年多的创新实践，产业生态、创新生态、生活生态、政策生态培育取得明显成效，产业规模持续增长，产业链条韧性不断增强，创新平台建设进一步加快，错位发展格局基本形成，产业集群效益初显。

　　为系统地展示成都市智能制造产业发展总体部署，形成鲜明的产业导向，成都市经济和信息化局牵头编写了《成都市智能制造产业生态圈发展蓝皮书（2019）》。本书共分为五个部分：第一部分　综合篇，全面展示了成都市智能制造产业生态圈建设总体情况、主要做法和成效以及重点产业领域发展情况；第二部分　功能区篇，系统地介绍了有关智能制造产业功能区的情况、重点发展领域、单独供地准入指标、产业载体项目及人才公寓项目建设情况；第三部分　规划篇，整体谋划了智能制造产业总体发展目标、发展重点和主要任务；第四部分　政策篇，详细梳理了市级部门和各相关产业功能区已出台的智能制造产业相关政策；第五部分　附录，以图表的形式展示了智能制造产业生态圈全市空间布局图、产业链全景图、发展路径图和全市智能制造产业重大项目推进情况，并详细介绍了智能制造试点示范和新模式应用的典型案例。

　　本书力求系统、全面、客观地反映成都市智能制造产业发展的最新导向，为关心成都市智能制造发展、参与成都市智能制造产业建设的各界人士提供重要参考。

成都市经济和信息化局
2020年11月

目 录

规划篇//71

政策篇//79

附录//85

综合篇

一、成都市智能制造产业生态圈建设情况

（一）总体情况

成都市智能制造产业生态圈积极对接"制造强国"战略，抢抓国家将智能制造作为推动制造业转型升级突破口的重要机遇，坚持以产业生态圈创新生态链推进经济工作组织方式转变，聚焦供给与需求两侧发力，双向推动智能装备发展和制造业数字化转型，大力培育产业竞争优势。2019年，成都市智能制造核心产业规模达到300亿元，全产业链规模突破1 000亿元，聚集了一批机器人、高档数控机床、智能成套装备、智能检测与控制、工业软件和系统集成服务等智能制造企业，形成了天府智能制造产业园、成都龙潭新经济产业功能区、青白江欧洲产业城和中德（蒲江）中小企业合作区四大产业基地和成都电子信息产业功能区、成都科学城两大支撑基地，产业生态圈建设初步成型，产业影响力和要素集成效应逐渐显现。

（二）主要做法及成效

1.以生态圈理念统筹产业发展，错位协同格局基本形成

一是统筹组织机制。建立市领导分工联系重点产业生态圈机制和市级部门分工协作机制，统筹推进智能制造产业生态圈有关产业规划、功能区建设、政策整合、项目建设、区域协同等重大事项；组建政、产、学、研、用、金、服"七位一体"产业生态圈联盟，推进优质资源要素紧密合作。二是统筹发展规划。深入开展产业研究，以比

较优势原则选择产业主攻方向，以提升产业显示度选择细分领域，制定"智能制造产业生态圈建设规划""智能装备产业培育工作方案""智能制造产业精准支持行动计划"，绘制智能制造产业布局图、产业链全景图、产业生态发展路径图、重点企业和配套企业名录表，厘清生态圈建设路径。三是统筹产业布局。坚持"全市一盘棋"，将功能区放在城市功能和产业体系中定位，精准确定各产业功能区的产业主攻方向和细分领域，形成四大产业基地和两大支撑基地。

2.以价值链为核心重塑产业链，产业发展能级显著提升

一是聚焦产业"强基"，推动智能装备及系统服务发展。做强高端数控机床、机器人、增材制造、智能物流装备、工业软件及系统集成等重点领域，加快培育集聚一批整机龙头企业及潜在"小巨人"企业，培育了10家本地智能制造系统解决方案供应商。二是聚焦产业"赋能"，推动制造业转型升级。选择一批基础条件较好、发展需求迫切的企业进行重点引导和培育，创新应用网络协同制造、大规模个性化定制、远程运维服务等智能制造新模式，大力开展数字化车间和智能工厂的应用试点示范，成功打造2个国家级智能制造试点示范项目、7个国家级智能制造新模式应用项目、34个省级智能制造新模式应用项目；推动工业互联网创新应用，加快建设"1+N"工业互联网平台体系，梳理形成云服务目录，培育发展工业APP（手机应用程序），8个国家制造业与互联网融合发展试点示范项目。三是聚焦产业"提质"，推动创新能力提升。深入推进校、院、企、地合作，联合共建研发平台和科技产业基地。开展"校企双进"系列活动，推动建立企业与高校科研团队，以参观成果超市、路演推介等形式

进行现场对接，促进科技成果就地转化。建成了1个国家级工程技术中心、4个省级制造业创新中心、9个省级工程技术研究中心。

3.以精准支持推进资源要素集聚，产业生态体系基本形成

一是精准政策支持。成都市出台发展工业互联网实施意见、人工智能产业发展专项政策12条，支持智能制造和两化融合试点示范、云平台建设等政策措施，带动企业资金投入10亿余元实施数字化升级和智能化改造。二是精准要素匹配。设立规模10亿元的成都交子智能制造招引股权投资基金和6亿元的成都航天工业互联网智能制造产业投资基金；制订成都智能制造生态圈专项人才计划；引导职业技术院校开设"定制班""学徒班"，培育专业技能人才1.1万人。三是精准功能配套。以智能制造产业发展特色化功能需求和产业人群个性化为牵引，超前布局标准厂房、基础设施等符合产业发展需要的生产性配套设施，引导生活要素向功能区聚集，补齐生活短板，推动企业智能化生产、园区智慧化管理。2019年，主要产业功能区完成基础设施投资23.5亿元，新建标准厂房60万平方米、人才公寓13万平方米。

（三）重点产业领域发展情况

1.产业链建设情况

以"两图一表"为引领，围绕关键核心技术、智能成套装备和应用场景等关键环节，强化创新研发、龙头项目招引、重点企业培育，以价值链为核心重塑产业链，提升产业竞争力和影响力。引进发那科、科大讯飞、航天云网、商汤科技、中电九天、哈工大机器人、先临三维等一批龙头企业，产业加快集聚，成链发展。工业机器人在控制器等研发基础上，拓展减速器、伺服电机、机器人本体

等核心部件研制，工业机器人全产业链格局基本形成。高档数控机床沿单机制造→数字加工中心→生产线柔性制造系统→数字化车间的全产业链条扩展。发挥软件开发能力优势，推动向工业软件和工业APP研发、智能制造系统解决方案供应商延伸。高端装备加快服务型制造转型，向系统集成、运营维护一体化服务延伸，形成满足消费者个性化需求的"设计+制造+服务"新模式，产业链不断延伸、不断优化。

2.重点领域发展情况

（1）工业互联网。紧抓工业互联网发展关键窗口期，推动工业互联网创新应用，国家工业互联网标识解析（成都）节点启动上线，新华西乳业率先实施液态奶产品标识解析应用国家试点示范项目。启动工业互联网公共服务平台建设，大力构建"1+N"工业互联网平台体系，华为云等27个云平台被纳入"企业上云"市级推荐平台，重装云制造平台等5个平台入选国家制造业"双创"平台试点示范项目。梳理形成云服务目录，培育发展工业APP，"汽车云平台零件制造解决方案"入选国家工业互联网APP优秀解决方案，成功举办世界工业互联网大会，开展20场"云行天府"活动，全市上云企业达到1.2万家，"四川金星场外设备远程智能维护监控平台"入选国家企业上云典型案例。

（2）智能制造装备。强化创新能力提升，推进关键技术装备研制和产业化。西门子成都工厂的可编程逻辑控制器、人机界面、工业电脑等工业自动化产品，被广泛用于制造业自动化生产线，其中可编程逻辑控制器约占全球市场份额的20%。普什宁江的卧式加工中心及柔性制造系统、数控车床及自动车床、小模数精密及数控滚齿机床等产品达到国内领先，其数控滚齿机（小模数）占国内市场份额的60%。卡诺普自主研发的国产多关节工业机器人控制系统市场占有率达到50%。圭目机器人有限公司、交大光芒科技股份有限公司等企业研制的特种机器人被广泛应用于路面检测、安全巡检、铁路监控监测等领域，逐步替代了进口。

（3）人工智能。大力推进人工智能理论研究，支持机器学习、自然语言处理、人机交互等关键技术突破和重大应用研究，国星宇航、纵横自动化、博恩思等8家企业入围中华人民共和国工业和信息化部（简称"工信部"）人工智能创新重点任务揭榜项目，商汤科技、川大智胜、中科信息、四方伟业等在智能视觉、智能感知、自动推理和基础操作领域取得创新突破。中科信息自主开发的智能识别及分析技术与成果，被成功推广应用于多个领域；博恩思研发的下一代微创手术机器人，在研发、制造及临床应用方面取得突破；启英泰伦是行业首家具备人工智能语音核心算法、芯片设计、语音引擎、应用方案全技术链的企业。成功举办全国高校人工智能创新大赛。西部首个"人工智能+5G"产业园——高新区AI（人工智能）创新中心成功开园。

（4）工业软件和系统集成。成都市是全国首批、中西部唯一的中国软件名城，聚集了西门子、ABB、达索等国际工业软件巨头和宝信软件、金蝶软件、浪潮集团、航天云网等国内龙头企业，生产控制、嵌入式软件重大关键技术和软件开发能力达到国际先进水平。培育了10家本地智能制造系统解决方案供应商，中电九天为制造型企业提供核心工业软件、自动化设备解决方案、工业互联网平台解决方案以及全方位规划咨询服务。普什宁江以机床技术为核心和FMS（柔性制造系统）为基础，开发了数字化柔性生产线；成焊宝玛自主研发的汽车白身焊接生产线达到国际先进水平，被广泛用于沃尔沃、福特、吉利、神龙等汽车生产中；工业云制造（四川）创新中心围绕基于SDM（空分复用技术）的制造全过程协同云服务技术、工业大数据驱动的智慧企业创新工程技术、面向未来计算的智慧工业云领域应用技术等领域开展共性关键技术研究。

功能区篇

二、成都科学城

（一）功能区简介

成都科学城位于成都天府新区，规划面积99.37平方千米，其中核心区39.42平方千米，布局独角兽岛、兴隆湖产业园、凤栖湿地产业园、鹿溪智谷科学中心和重大科技基础设施建设基地5大产业社区。科学城以建设新时代公园城市为目标，紧扣"成渝地区双城经济圈"国家战略，准确把握"中国西部（成都）科学城科技创新策源地、综合性国家科学中心核心承载区、公园城市生态价值转化示范区"三大功能定位，着力构建"功能复合、职住平衡、服务完善、宜业宜居"的新型城市社区，做强中国西部（成都）科学城"一核四区"创新极核功能。截至目前，累计签约重大产业项目182个，总投资超2 000亿元。

成都科学城瞄准国家重大战略，聚集重大科技基础设施和交叉研究平台7个、国家级创新平台17个、校院地协同创新项目40个、中科院旗下高校院所13家，构建"基础研究—技术攻关—成果转化"的创新生态链，全力争创综合性国家科学中心；聚焦新一代人工智能、集成电路、5G通信、信息安全等数字经济重点领域，引进紫光集团、海康威视、商汤科技等重点企业60余家，构建"基础设施—算法平台—行业应用"的产业链，加快推进以数字经济为核心的新经济聚集发展；持续提升研究开发、技术转移等高新技术服务支撑能力，引进重点企业50余家，围绕华为鲲鹏、安谋中国打造具有全面自主知识产权的国产信息技术生态体系，依托国际技术转移中心构建产学研相结合的国际科技创新转化体系；坚持以"独立成市"理念推动"人城产"融合发展，有序推进42个重大功能设施、47个公共配套设施、产业载体、人才住房等综合配套建设。

（二）智能制造重点发展领域

成都科学城重点发展以新一代人工智能为特色的数字经济，细分领域包括人工智能基础算法、智能制造芯片、智慧信息系统、工业云、大数据、第四代及后续移动通信系统、网络安全技术、语音识别系统、图像识别系统、智能显示与控制系统、物联网传感技术等领域；大力发展高新技术服务业，细分领域包括技术研发外包、信息技术外包、知识流程外包等研究开发服务、知识产权价值评估、运营、许可交易等知识产权服务，科技战略研究、行业技术咨询等科技资讯服务、科技金融服务、技术转移服务、孵化载体服务、检验检测认证服务等领域。

（三）单独供地准入指标

投资强度标准：不低于400万元/亩。

营业收入标准：不低于400万元/亩。

税收标准：不低于40万元/亩。

项目用地咨询电话：18000558999；15680606060。

（注：1亩≈667平方米，全书同）

（四）产业载体项目介绍

1.建成项目

（1）天府新经济产业园。项目位于天府新区兴隆湖畔，鹿溪河生态绿地系统南侧，紧邻天府大道，建筑面积约52万平方米，包含A、B、C、D四个区域，户型面积主要分布为850平方米至1 300平方米。主要招引以数字经济为核心的新经济企业。咨询电话：18000558999；15680606060。

（2）中铁轨道研发设计中心。项目位于天府新区兴隆街道湖畔路1228号，建筑面积约77万平方米，集轨道研发中心、轨道展示中心、滨湖生态办公、滨湖景观商业为一体，打造综合型生态总部办公基地、研发中心及区域高端商务集群。咨询电话：18482184957。

（3）天府数智谷。项目位于天府新区兴隆街道湖畔路北段与菁蓉北四街交汇处，建筑面积约9.28万平方米，是天府新区首个"政、校、企"三方合作项目，采取"协同创新中心+成果转化基地+创新创业投资基金"模式运营，打造集创新研发、成果孵化、产业转化、场地及资金支持为一体的校院地协同创新科技成果转化综合服务平台。咨询电话：19102600113。

2.在建项目

（1）天府海创园。项目位于天府新区兴隆街道梓州大道以东，建筑面积约70万平方米，以构建全生命周期产业链为核心，聚焦新一代人工智能和金融科技"两大产业"，打造集中式生活服务、产业功能集聚和金融科技服务三大空间，搭建企业综合服务、园区公共交流、专业技术服务和科技成果转化四大产业服务平台。咨询电话：18782990554。

（2）独角兽岛。项目位于天府新区兴隆湖东岸，建筑面积约145万平方米，其中启动区建筑面积1.2万平方米。以组群式发展理念，规划人工智能、数字视听、区块链、集成电路设计、网络安全、软件研发等专业楼宇，助推数字经济产业集聚发展。咨询电话：13882138916。

（3）天府万科云城。项目位于天府新区兴隆街道湖畔路南段与红梁东一街交叉路口，建筑面积约63万平方米。规划有企业公馆、商务写字楼群、国际品牌星级酒店、邻里中心、特色商业街区和湖景公馆，将形成集办公、生活、餐饮、休闲、娱乐、旅游、金融、文化、运动等功能于一体的公园商务集群。咨询电话：18092695070。

（4）川港创意设计产业园。项目位于天府新区兴隆街道红梁西二街以东，建筑面积约14万平方米，户型面积主要分布为30平方米至1 200平方米。主要招引具有国际影响力的创意设计企业以及与设计、电影特效、AR（增强现实）/VR（虚拟现实）等相关的文创产业生态链企业和机构入驻。咨询电话：15202855605。

（5）天府5G创新生态科技园。项目位于天府新区兴隆街道菁蓉南三街以北，建筑面积约38万平方米，户型面积主要分布为40平方米至660平方米。主要招引5G创新科技应用产业，打造集智慧医疗、VR/AR、超高清视频、个人AI助理以及智慧园区等于一体的5G科技应用产业生态链。咨询电话：15202855605。

（五）人才公寓项目介绍

1.建成项目

成都科学城过渡性产业配套公寓。项目位于天府新区新经济产业园B、D区，建筑面积约4.4万平方米，其中3.8万平方米、519套房可供产业人才入住，户型面积主要分布为41平方米至134平方米。咨询电话：028-68773413。

2.在建项目

（1）天府中心国际社区及人才公寓。项目位于天府新区中央商务区，建筑面积约51万平方米，其中1.8万平方米、200套房可供产业人才入住，户型面积主要分布为90平方米至150平方米。咨询电话：028-68773091。

（2）天科广场产业园区配套住宅。项目位于天府新区新兴街道，建筑面积约9.1万平方米，其中2.6万平方米、424套房可供产业人才入住，户型面积主要分布为40平方米至60平方米。咨询电话：028-68773091。

（3）万安青年国际社区。项目位于天府新区万安街道，建筑面积约7万平方米，其中3.7万平方米、840套房可供产业人才入住，户型面积主要分布为41平方米至60平方米。咨询电话：028-68773091。

有意者请注意以下联系方式（名片）：

区（市）县	产业功能区名称	公众号名称	联系电话	二维码
成都天府新区	成都科学城	成都科学城	18000558999	

三、成都电子信息产业功能区

（一）功能区简介

成都电子信息产业功能区为跨区（市）县产业功能区（成都高新西区、郫都区），重要功能为战略产业支撑功能，主导产业方向为集成电路、新型显示、5G通信。按照"中国新硅谷、国际花园城"的规划定位，范围面积为64.2平方千米（其中郫都区规划面积21.2平方千米），涵盖高新西区西园街道、合作街道以及郫都区德源街道。其中核心起步区面积16.96平方千米（郫都区规划面积3.9平方千米）。功能区内有规模以上工业企业188家（其中高新西区148家、郫都区40家）。目前有西门子自动化、乐创自动化、四威高科、普瑞斯、泓睿科技等智能制造领域重点企业。

2019年，功能区规模以上电子信息制造业企业累计实现产值3420.53亿元，同比增长11.82%。功能区聚焦集成电路、新型显示、智能终端、网络通信四大重点行业，目标是打造"具有全球竞争力的电子信息产业高地、国际化产学研联动示范区、国家创新创业示范基地、产城融合的高品质生活城"。

（二）智能制造重点发展领域

重点发展先进特色工艺芯片制造，芯片级、晶圆级、系统级、硅通孔封装测试，人工智能、视听通信等终端产品应用，通用服务器CPU、功率半导体、北斗导航芯片、5G射频芯片等核心芯片设计；

LCD/AMOLED面板研发制造，QLED、MiniLED、MicroLED等先进显示技术研发应用，玻璃基板、液晶材料、触控模组等部件材料研制，蚀刻机、蒸镀机、曝光机、测试和检测等设备制造。

（三）单独供地准入指标

投资强度标准：不低于600万元/亩。

产出推荐指标：销售收入不低于600万元/亩，税收不低于40万元/亩。

建筑密度标准：不低于40%。

（四）产业载体项目介绍

1.建成项目

成都高新西区标准厂房项目有：opus标准厂房一号至三号、宝利根厂房、综合保税区B区标准厂房、模具园工业园、803北区厂房，项目分布于成都市高新区西部园区，总建筑面积47.36万平方米，其中已售2.87万平方米，可供企业入驻44.49万平方米（现剩余可用19.81万平方米）。主要招引业态为电子产品研发、机械加工、精密仪器制造、生物医药、仓储物流及配套服务企业等。咨询电话：028-62402054。

2.在建项目

（1）集成电路标准厂房一期项目，位于高新西区科新路8号附1号，建成后总建筑面积0.87万平方米，用于英特尔（产品）有限公司产品贮存、封装、测试等。咨询电话：028-62402074。

（2）中国数码港成都大数据产业园项目，位于郫都区，总占地面积约334亩，一期工程总建筑面积21.84万平方米。面向电子信息产业提供超大型、集约化、绿色数据产业基地支撑。咨询电话：028-87973030。

（五）人才公寓项目介绍

在建项目

（1）京东方人才公寓，位于高新西区，建成后总建筑面积35万平方米，2 044套房可供产业人才入住，户型面积主要分布为90平方米至150平方米，五个户型。

（2）集成电路高端人才公寓，位于成都市高新区高新西区西源大道和天润路交叉口西南侧，建成后总建筑面积8.77万平方米，目前项目正在进行方案设计。

咨询电话：028-62402054。

有意者请注意以下联系方式（名片）：

区（市）县	产业功能区名称	公众号名称	联系电话	二维码
成都高新区	成都电子信息产业功能区	成都高新区电子信息产业发展局	028-87817849	

四、天府智能制造产业园

（一）功能区简介

天府智能制造产业园，位于成都市新津区，规划面积68.8平方千米，核心区25平方千米，目前已建成面积10.82平方千米，共聚集企业500余家，其中规模以上工业企业136家、世界500强企业15家、高新技术企业54家。目前有民航成都物流技术有限公司、成都市银隆新能源有限公司、格力电器（成都）有限公司等智能制造领域重点企业入驻。

2019年，功能区实现规模工业增加值增幅12.5%，主营业务收入同比增长13.7%，税收13.45亿元，同比增长14.8%。功能区主要聚焦智能装备及核心部件、智能家居及智能硬件产品、智能技术与服务等产业集群，按照"智能制造+产业生态"的发展思路，主动融入成都市智能制造产业生态圈布局，打造先进制造业高质量发展新引擎，着力建设"人城产"深度融合的现代产业新城。

功能区先后获得"四川省中小企业创业基地""四川省循环经济示范点园区""四川省知识产权试点园区""和谐中国·最佳投资环境开发区""四川省和谐工业园区""四川省新型工业化示范基地"等称号。

（二）智能制造重点发展领域

重点发展传感识别、精密传动、伺服控制、精密和智能仪器仪表与试验设备；高档数控机床、数控系统和工业机器人二次开发和集成应用、服务机器人；大力发展智能洗衣机、智能空调等智能家电，智能安防、照明控制等智能家居产品及系统集成；信息采集传输、物联网、系统解决方案供应等智能技术与服务等。

（三）单独供地准入指标

投资强度标准：不低于300万元/亩。

产出推荐指标：销售收入不低于600万元/亩，税收不低于25万元/亩。

建筑密度标准：不低于40%。

容积率标准：不小于1.0且不大于3.0。

项目用地咨询电话：15208182940。

（四）产业载体项目介绍

1.建成项目

（1）天府智慧科技城，位于普兴街道清凉社区6组，总建筑面积9.5万平方米，其中8.3万平方米可供企业入驻，户型面积主要分布为1 500平方米至3 000平方米。主要招引中小型智能装备、智能硬件产业类企业。咨询电话：13308072133。

（2）天府智能装备产业园，位于西新路以北、兴物十一路以南，总建筑面积10.2万平方米，其中8.5万平方米可供企业入驻，户型面积主要分布为1 000平方米至20 000平方米，户型灵活可变。主要招引中小型智能装备、智能硬件产业类企业。咨询电话：028-82589566。

2.在建项目

（1）大陆希望"天府希望智谷"，位于普兴街道宝峰东路南侧，建成后总建筑面积12万平方米，其中11.16万平方米可供企业入驻，户型面积主要分布为300平方米至10 000平方米。主要招引智能科技类研发、生产企业。咨询电话：13910187550。

（2）天府创智湾，位于西新路和新科大道之间，建成后总建筑面积20万平方米，其中13万平方米可供企业入驻，户型面积主要分布为800平方米至3 000平方米。主要招引科技研发总部、智能制造创新产业类企业。咨询电话：15928104263。

（五）人才公寓项目介绍

1.建成项目

人才公寓一期（兴华苑），位于永商镇兴化一路西侧，总建筑面积7.55万平方米，其中6.55万平方米可供产业人才入住。

2.在建项目

（1）人才公寓二期，位于普兴街道宝峰社区5组和6组，天府明珠公园内。建成后总建筑面积9.8万平方米，其中6.5万平方米可供产业人才入住，户型面积主要分布为60平方米至195平方米。咨询电话：028-82589566。

（2）兴城人居，位于普兴街道世行三路。建成后总建筑面积22.9万平方米，户型面积主要分布为69平方米至135平方米。咨询电话：13350869725。

有意者请注意以下联系方式（名片）：

区（市）县	产业功能区名称	公众号名称	联系电话	二维码
新津县	天府智能制造产业园	天府智能制造产业园	028-82552212	

五、青白江欧洲产业城

（一）功能区简介

欧洲产业城位于成都市青白江区，规划面积79平方千米（控制规划范围工业板块5.08平方千米），核心区面积4.8平方千米，以临港智造、供应链管理服务为主导产业，着力打造适欧适铁"两头在外"的进出口加工贸易产业集聚区，先后获批"成都市市级产业功能区"和"四川省特色产业基地"。目前，建成区面积1.7平方千米，聚集工业企业40余家，其中规模以上企业4家，6类500强高能级企业5家，包括巨石集团成都有限公司、成都天马精密机械有限公司、成都凯格瑞科技有限公司、成都康佳电子有限公司等智能制造领域龙头企业。

2019年，功能区实现主营业务收入4.32亿元、利税1.017 9亿元。欧洲产业城坚持"人城产"发展引领，秉持"精筑城、广聚人、强功能、兴产业"的营城理念，协同建设大尺度的"独立城市"和小尺度的产业社区，科学布局生产、生活、生态空间，形成"一心、两轴、三片"的空间结构。力争到2025年，建成一座面积25平方千米、拥有12万人口、工业产值1 000亿元的生态优美、形态适宜、产城融合、城乡一体、集约高效的毗河以南现代产业新城，打造成为中国西部智能电器（家电）出口基地和全国知名的智能制造进出口基地。

（二）智能制造重点发展领域

重点发展智能家电、智能穿戴、精密加工、增材制造、智能物流仓储装备、新型能源材料与装备、高性能复合材料、先进金属材料等适铁适欧临港制造业；协作生产、进料加工、来料加工、装配业务等临港加工业；开展供应链物流、生产性物流、电子商务、金融服务、大数据等专业供应链管理服务业，打造适铁适欧先进制造产能承载地。

（三）单独供地准入指标

投资强度标准：不低于350万元/亩。

产出推荐指标：销售收入不低于400万元/亩，税收不低于30万元/亩。

建筑密度标准：不低于40%。

项目用地咨询电话：028-83666000。

（四）产业载体项目介绍

1.建成项目

（1）蓉欧智能制造产业园，位于欧洲产业城核心区（北片区内），总建筑面积47万平方米，采用"积木模组"方式，单层最小面积300平方米，联合区间面积可达4万平方米，实现可变弹性空间，满足入驻企业的定制需求，是集生产、办公、研发、孵化、生活配套于一体的智能化产业社区，让企业可以"拎包入驻、快速投产"，实现轻资产运作。按照分类导入的原则，主要招引智能制造、先进材料、研发设计、进出口加工贸易等产业类企业。

（2）邻里中心，位于蓉欧智能制造产业园中部，建筑面积为2.15万平方米，可供企业入驻总面积1.8万平方米，铺面面积分布为100平方米至300平方米，食堂面积分布为4 500平方米至5 000平方米，主要服务区域产业人群和居住人群，发挥邻里中心的社交休闲属性，成为社区公共活动和文化交流中心，主要引入小型菜场、药店、花店等业态，提供品质便民服务，以及复合型书店、健身中心、兴趣培训机构等新兴业态。

2.在建项目

蓉欧智谷总部大楼，位于蓉欧智能制造产业园东南角，采用框架结构（预制装配式），高86.25米（地面20层，地下2层），建筑面积3.03万平方米（地上2.12万平方米，地下0.91万平方米），可供企业入驻总面积1.22万平方米，面积分布为50平方米至1 000平方米，是欧洲产业城高品质科创空间的核心载体平台，主要招引科技创新、科研孵化等研发中心，商务办公、新经济等总部办公，以及大数据服务、供应链服务、第三方中介等服务类总部企业。

（五）人才公寓项目介绍

蓉欧智能制造产业园配套住房项目，位于蓉欧智能制造产业园中部，总建筑面积2.1万平方米，其中2.1万平方米、400套房可供产业人才入住，户型面积大多为50平方米。

有意者请注意以下联系方式（名片）：

区（市）县	产业功能区名称	公众号名称	联系电话	二维码
青白江区	青白江欧洲产业城	青白江欧洲产业城	028-83666000	

六、成都龙潭新经济产业功能区

（一）功能区简介

成都龙潭新经济产业功能区位于成都市成华区，规划面积10.5平方千米（其中工业板块4.55平方千米），核心区面积8.1平方千米，目前已建成面积9平方千米，共聚集企业2 000余家，其中规模以上工业企业19家、世界500强企业58家、高新技术企业63家。目前有成都卡诺普自动化控制技术有限公司、四川成焊宝玛焊接装备工程有限公司、成都焊研科技有限责任公司等智能制造领域重点企业入驻。

2019年，功能区实现规模工业增加值增幅6.5%，主营业务收入同比增长7.9%，全口径税收15亿元，同比增长14.79 %。功能区按照建设"天府成都•文旅成华"和美丽宜居公园城市示范区的思路，精准对标国际国内一流园区，科学确立国际知名、国内一流"新经济•生态城"发展目标。坚持立足实际、错位协同，精准锁定以数字经济、智能经济为主导，共享经济为特色的"两主导一特色"产业主攻方向，突出数字通信、机器人、检验检测细分产业，动态完善"两图一表"，着力构建数字通信、机器人、检验检测产业生态圈创新生态链，全力打造具有国际竞争力和区域带动力的现代产业体系。

功能区先后获得"中国总部经济研究实践基地""成渝经济区最具投资价值产业园区""一带一路•四川最具投资价值产业园区""榜样中国•2019四川十大产业功能区"等称号，2019年获批省级开发区，入选国家检验检测高技术服务集聚区成都综合性检验检测全产业链发展极核。

（二）智能制造重点发展领域

重点发展机器人控制器、伺服系统、机器人本体、智能传感器等核心零部件研制；智能化系统设备、工业自动化生产线研制；智能系统集成、软件、检测服务等，打造机器人研发基地，推动构建以智能设备研制为核心的产业新城。

（三）单独供地准入指标

投资强度标准：不低于500万元/亩。

产出推荐指标：营业收入不低于500万元/亩，税收不低于80万元/亩。

建筑密度标准：不低于40%。

项目用地咨询电话：028-66401385。

（四）产业载体项目介绍

1. 建成项目

（1）国机西南大厦，位于成华区东三环路二段航天路50号，总建筑面积10.8万平方米，其中2万平方米可供企业入驻，户型面积主要分布为200平方米至2 800平方米。主要招引科技、总部类企业入驻。咨询电话：028-66500002。

（2）航天通信大厦，位于成华区东三环路二段航天路19号，总建筑面积3.2万平方米，其中0.6万平方米可供企业入驻，户型面积为整层1 300平方米。主要招引能源、总部类企业入驻。咨询电话：028-66500002。

（3）万基新能源大厦，位于成华区东三环路二段航天路57号，总建筑面积6.26万平方米，其中1.2万平方米可供企业入驻，户型面积主要分布为100平方米至1 300平方米。主要招引能源、总部类企业入驻。咨询电话：028-66500002。

（4）利星行广场，位于成华区东三环路二段航天路7号，总建筑面积4.8万平方米，其中1.2万平方米可供企业入驻，户型面积主要分布为300平方米至1 300平方米。主要招引科技、总部类企业入驻。咨询电话：028-66500002。

（5）检验检测科技园，位于成华区东三环路二段成宏路72号，总建筑面积4.9万平方米，其中1.3万平方米可供企业入驻，户型面积主要分布为200平方米至3 000平方米。主要招引检验检测类企业入驻。咨询电话：028-66500002。

（6）华晟钢铁领域，位于成华区东三环路二段成宏路18号，总建筑面积4.9万平方米，其中1.2万平方米可供企业入驻，户型面积主要分布为150平方米至1 300平方米。主要招引科技、总部类企业入驻。咨询电话：028-66500002。

（7）汇润国际大厦，位于成华区东三环路二段成宏路26号，总建筑面积4.2万平方米，其中0.7万平方米可供企业入驻，户型面积主要分布为100平方米至1 000平方米。主要招引科技、总部类企业入驻。咨询电话：028-66500002。

（8）呈祥国际大厦，位于成华区东三环路二段成宏路16号，总建筑面积10万平方米，其中3.2万平方米可供企业入驻，户型面积主要分布为100平方米至1 000平方米。主要招引科技、总部类企业入驻。咨询电话：028-66500002。

（9）龙远科技大厦，位于成华区东三环路二段华泰路39号，总建筑面积5万平方米，其中0.8万平方米可供企业入驻，户型面积主要分布为300平方米至4 000平方米。主要招引科技、总部类企业入驻。咨询电话：028-66500002。

（10）智能制造产业园，位于成华区航天路东段（北侧），分两期建设，总建筑面积21.8万平方米，其中一期10.8万平方米已达到企业入驻条件。主要招引芯片、智能终端类研发、生产企业入驻。咨询电话：028-66500001。

2.在建项目

中投华影项目，位于成华区东三环路二段航天路，建成后总建筑面积8万平方米，其中3.1万平方米可供企业入驻，户型面积主要分布为600平方米至800平方米。主要招引科技类、总部类企业。咨询电话：028-66500002。

（五）人才公寓项目介绍

在建项目

（1）市级人才公寓项目，位于龙潭街道向龙社区2组、11组、12组，建成后总建筑面积18.98万平方米，共1 008套房可供产业人才入住，户型面积主要分布为105平方米至213平方米。咨询电话：13518132543。

（2）万科锦园项目，位于龙潭街道同仁社区1组、2组、3组以及院山社区5组，建成后总建筑面积10.9万平方米，其中3 282.6平方米、26套房可供产业人才入住，户型面积主要分布为90平方米至120平方米。咨询电话：028-66401400。

（3）保利珑堂里院项目，位于龙潭街道同仁社区1组、2组、3组以及院山社区3组、4组，建成后总建筑面积7.2万平方米，其中2 172

平方米、18套房可供产业人才入住，户型面积主要分布为106平方米至128平方米。咨询电话：028-66401400。

有意者请注意以下联系方式（名片）：

区（市）县	产业功能区名称	公众号名称	联系电话	二维码
成华区	成都龙潭新经济产业功能区	成都龙潭新经济产业功能区	028-66500001	

七、中德（蒲江）中小企业合作区

（一）功能区简介

中德（蒲江）中小企业合作区位于成都市蒲江县，规划面积33平方千米，起步区3.69平方千米，目前已建成面积6.56平方千米，共聚集企业200余家。目前有博世电动工具（成都）有限公司、成都博盛精密机械有限公司、四川一百发展科技有限公司等智能制造领域重点企业入驻。同时，功能区引入德国双元制职业教育培训体系，先后建成中德（成都）AHK职教培训中心、KUKA机器人授权研究院和中德工业4.0产教融合中心，着力打造双元制工匠式先进制造业人才培养基地。

2019年，功能区实现规模以上工业增加值增幅9.5%，主营业务收入95.3亿元，利润4.4亿元，同比增长56.7%。功能区致力于打造充分体现德国发展理念、德国工业技术、德国企业管理经验，具有国际竞争力的精工产业集群发展新城、国家级产教融合示范区。

功能区先后获批四川省两化互动示范基地、四川省智能五金特色产业基地、四川省国际科技合作基地、四川省级经济开发区。2016年7月，在国家有关部委和省、市大力支持下，合作区获得工信部批复同意设立，成为西部唯一的中德中小企业合作示范区，已成为"一带一路"、川藏铁路、"成渝地区双城经济圈"建设的重要平台和载体。

（二）智能制造重点发展领域

重点发展高精密轴承、齿轮、伺服电机和液压气动元件与系统、密封件、传动元件等智能制造关键基础零部件，电子变压器、继电器、光电线缆、敏感元件、弹性元件、机电元件等元器件和切削、研磨等电动工具；大力发展智能技术职业教育培训和职业技术资格等级认定等配套服务。

（三）单独供地准入指标

投资强度标准：不低于300万元/亩。

产出推荐指标：销售收入不低于450万元/亩，税收不低于24万元/亩。

建筑密度标准：不低于40%。

项目用地咨询电话：028-69266757。

（四）产业载体项目介绍

1.建成项目

（1）蒲江智能制造装备产业园，位于中德蒲江中小企业合作区青蒲路，总建筑面积2.7万平方米，目前还有4 000平方米可供企业入驻，户型面积主要分布为900平方米至3 200平方米。主要招引智能装备制造、医疗器械产业类企业。咨询电话：13281038970。

（2）成都合联新型产业园，位于成都蒲江寿安镇博世路558号中德（成都）中小企业合作区核心起步区，总建筑面积19万平方米，其中36 941.76平方米可供企业入驻，户型面积主要分布为800平方米至7 000平方米。主要招引装备制造、精密机械、生物医药、节能环保、休闲食品产业类企业。咨询电话：15802851345。

（3）蒲东工业园，位于寿安镇迎宾大道469号，标准化厂房总建筑面积约10万平方米，其中0.6万平方米可供企业入驻，户型面积主要分布为车间4 000平方米、办公室2 000平方米。主要招引机械加工产业类企业。咨询电话：028-88680705、18980726500。

（4）中欧（成都）跨国采购平台，由德国先进工业科技研究院IAIT、德国联邦采购物流协会BME投资创办，将其10 000多家欧洲企业成员、部分现有的欧洲世界500强企业和中小企业的采购需求，通过该平台在全国范围内筛选认证供应商，并通过采购平台在线交易，实现跨国信息、物流、仓储、关务、金融、技术等线上线下无缝对接。2018年起，每年定期在成都举办"中德工业4.0暨全球采购大会"，会址永久落户蒲江。该平台已在德国柏林和中国正式上线，实现入驻企业数百家，包括空中客车、蒂森克虏伯等世界500强企业15家，累计发布包括瑞士ABB，意大利阿里斯顿，德国膳魔师、基伊埃，法国施耐德等20家欧洲企业采购需求近300亿元人民币订单，实现合作配对21家，达成采购交易额24亿元。咨询电话：13501723654。

2.在建项目

（1）蒲东工业园二期15分厂厂房项目，位于寿安镇新园二路，建成后总建筑面积约1万平方米，均可供企业入驻。户型面积主要分布为车间7 000平方米、办公室3 000平方米。主要招引机械加工产业类企业。咨询电话：028-88680705、18980726500。

（2）帝豪智造科技园二期项目，位于鹤山镇县城工业园区工业南路19号，建成后总建筑面积约 2.42万平方米 ，均可供企业入驻。

户型面积主要分布为厂房618平方米、生产性用房375平方米。主要招引机械加工、生物医药、食品类企业。咨询电话：18109047911。

（五）人才公寓项目介绍

1.建成项目

合联青年家园，位于合作区博世路，总建筑面积1.05万平方米，其中0.8万平方米、155套房可供产业人才入住，户型面积主要分布为27.54平方米至54.81平方米。咨询电话：028-88680202、13683441446。

2.在建项目

蒲江县人才公寓，位于寿安镇蒲江河南侧迎宾大道，建成后总建筑面积6.6万平方米，其中6.6万平方米、326套房可供人才入住，户型面积主要分布为68平方米至108平方米。咨询电话：028-88536736。

有意者请注意以下联系方式（名片）：

区（市）县	产业功能区名称	公众号名称	联系电话	二维码
蒲江县	中德（蒲江）中小企业合作区	蒲江中德中小企业合作区	028-69266754	

八、成都空天产业功能区

（一）功能区简介

成都空天产业功能区位于四川盆地以西、成都以东的简阳市，范围面积168.5平方千米，启动规划建设面积41.6平方千米。现有规模以上工业企业86户，2019年实现主营业务收入267.68亿元。功能区拥有1空9轨7高11快的交通区位优势，距离成都市区约50千米，距离天府国际机场约18千米，距离简阳城区约5千米，属于成都1小时经济圈范围。

拥有世界500强企业1家、高新技术企业13家。拥有四川航天长征装备有限公司、四川空分设备（集团）有限责任公司、四川省数字产业有限责任公司、北京星空年代通信技术有限公司、四川港通医疗设备集团股份有限公司、四川南格尔生物医学股份有限公司、四川天虎工具有限责任公司等智能制造、航空航天领域重点企业和重大项目。

功能区按照"高端导入、重点突破、错位互补、融合集成"的发展思路，在原有发展较好的机械制造、航天产业基础上，优化调整功能区产业发展结构，确定重点发展智能制造装备和航天装备两大主导产业。与全市其他产业功能区共建智能制造产业生态圈、航空航天产业生态圈，实行错位协同发展，加快构建产业集群。编制了智能成套装备、机器人、航天装备三个细分产业"两图一表"，制定了功能区产业发展规划和产业准入门槛。按照"管委会+平台公司+校院企+产业基金"的建设模式，认真研究校、院、企、地合作绑定机制，推动功能区与校、院、企深度融合，形成利益共同体和发展共同体，推动传统产业转型升级、构建创新生态，推进功能区加快发展。

（二）重点发展领域

重点发展商业火箭、通信卫星、遥感卫星、地面测绘运行控制系统，卫星通信、导航、遥感设备及应用，航空航天新材料和制品，物流机器人、医疗机器人、场地机器人、家庭机器人等服务机器人，输送与分拣成套装备、智能物料搬运、智能仓储等装备，焊接、喷涂、搬运等工业机器人，机器视觉、精密传感控制、伺服控制机构、减速器、液气密元件等关键零部件、基础零部件，智能感知技术研发和系统集成，以及其他智能装备制造。

（三）单独供地准入指标

投资强度标准：不低于300万元/亩。

产出推荐指标：销售收入不低于484万元/亩，税收不低于20万元/亩。

建筑密度标准：40%≤BD≤60%。

项目用地咨询电话：028-27123065 。

（四）产业载体项目介绍

1. 建成项目

（1）四川空分设备集团低温技术研究院，位于四川省简阳市建设中路239号，整体建筑面积约50亩，专注于大型空分技术、大型天然气液化技术、LNG冷能利用技术、稀有气体精制技术、氢液化及贮运关键技术、先进控制技术等关键技术开发，以及应力分析、传热与流动、流体机械的强度与振动等共性技术研究，拥有多个关键技术实验平台。咨询电话：028-27324018。

（2）港通医疗技术中心，位于四川省简阳市凯力威工业大道南段11号，拥有26 000余平方米的现代化厂房及办公用房，2007年被四川省人民政府授予省级技术中心资格，下设专家委员会、医用供气产品研究室、医用层流净化产品研究室、医疗器械产品研究室、特种设备研究室、工艺室、信息室等，是公司技术发展的心脏。技术中心现有技术人员80余人，其中高级工程师15人、工程师37人。咨询电话：028-27324018。

（3）四川凯力威科技技术中心，位于四川省简阳市凯力威工业大道1号，占地830亩，是中国西部最大的研发全钢丝子午线轮胎的技术机构，主要从事全钢轮胎及橡胶制品的设计技术、工艺技术、制造技术、检测技术、工程技术的研发，已获得国家专利50多项，与四川大学、哈尔滨工业大学、比利时贝卡尔特钢帘线中国研究中心等科研单位保持密切的技术交流与合作。咨询电话：028-27324018。

2.在建项目

（1）简阳工业集中发展区孵化器项目，位于简阳市迎宾大道，由四川简阳能投建工发展有限公司投资建设。项目总投资12.6亿元。项目占地约91亩，建筑面积约4万平方米，预计可为上百家科创企业提供研发、生产、经营场地，通信、网络与办公等方面的共享设施，系统培训与咨询，政策、融资、法律和市场推广等方面的支持，降低企业创业风险和成本，提高企业成活率和成功率，帮助新兴小企业迅速长大形成规模，为功能区培养成功的企业和企业家。咨询电话：028-27126505。

（2）成都空天产业功能区标准厂房建设项目，位于东溪街道，规划占地面积539亩，工程总投资22.21亿元，总建筑面积约41万平方米，其中地上建筑面积36.35万平方米，地下建筑面积4.65万平方米。地上建筑包含厂房面积30.19万平方米，配套用房建筑面积6.16万平方米。拟入驻紫光集团有限公司、深圳市优必选科技有限公司、成都天奥集团有限公司、创泽智能机器人有限公司、星河动力（北京）空间科技有限公司等9个重点产业项目，面积总计需求11万平方米以上。咨询电话：028-27127004。

（五）人才公寓项目介绍

在建项目：园区配套住房项目（人才公寓），位于简阳市迎宾大道，由四川简阳能投建工发展有限公司投资建设。项目总投资12.6亿元。项目占地约91亩，配套住房（人才公寓）建筑面积4.4万平方米；地下两层为地下停车库、地下商业和配套设备用房。项目竣工后将有力促进城市有机更新，提升区域形象，有效增加租赁住房房源供给，填补集中管理的较高品质租赁房源供给空白，助力缓解区域职住不够平衡的矛盾。项目可用于住房租赁的房源约430套，可供园区企业高端人才和政府引进高端人才租住。户型面积主要分布为70平方米至120平方米。咨询电话：028-27126505。

有意者请注意以下联系方式（名片）：

区（市）县	产业功能区名称	公众号名称	联系电话	二维码
简阳市	成都空天产业功能区	简阳市经济科技和信息化局	028-27567808	

九、成都智能应用产业功能区

（一）功能区简介

成都智能应用产业功能区位于崇州市，规划面积125.8平方千米，其中核心区面积20.6平方千米，起步区1.86平方千米，目前已建成18.3平方千米，主要发展电子信息、智能家居、大数据和人工智能产业，现有工业企业589家，规模以上企业137家，其中亿元以上企业36家、10亿元以上企业6家、100亿元以上企业1家，世界500强企业1家、高新技术企业30家。目前功能区内有捷普科技（成都）有限公司、全友家私有限公司、康泰塑胶科技集团有限公司、明珠家具股份有限公司、四川福蓉科技股份公司、成都领益科技有限公司、四川一宇钢结构工程有限公司、成都市鹰诺实业有限公司、索菲亚家居（成都）有限公司、成都市裕同印刷有限公司等重点企业。

2019年，功能区实现规模以上工业总产值336.1亿元，同比增长13.3%；规模以上工业增加值增长13%；规模以上工业亩均产值332.1万元/亩，同比增长10.8%。功能区紧扣"西控"战略部署，聚焦绿色经济样板区建设、创新产业链，实施"强链补链固链延链"行动，进一步优化功能区规划，形成"一核两轴四组团"的空间结构，促进人、城、景、业和谐共生。

功能区先后荣膺"中国板式家具产业基地""四川省家居产业知名品牌示范区""四川省知识产权园区""四川省信息安全示范园区""国家新型工业化产业示范基地（大数据）"等称号。

（二）重点发展领域

重点发展大规模个性化定制家具、安防系统、控制系统等智能产品研制；智能家居平台应用服务；工业软件、工业互联网系统集成应用和大数据应用及服务；消费类智能终端系统集成及配套等，打造智能制造应用示范区。

（三）单独供地准入指标

投资强度标准：不低于300万元/亩。

产出推荐指标：年销售收入不低于500万元/亩，年税收不低于25万元/亩。

建筑密度标准：不低于40%，容积率不低于1.3。

项目用地咨询电话：028-82391980。

（四）产业载体项目介绍

1.建成项目

崇州大数据产业园孵化中心（一期），是以现代高科技信息产业孵化、培育、创研为核心的"生态、创新型"信息产业园区。总建筑面积6.9万平方米，其中3.7万平方米可供企业入驻，户型面积主要分布为50平方米至1 000平方米。主要招引大数据、智能制造、信息产业类企业。咨询电话：13699052889。

2.在建项目

（1）成都崇州大数据国家新型工业示范园区，建成后总建筑面积11万平方米，其中9万平方米可供企业入驻，户型面积主要分布为50平方米至1 000平方米。主要招引大数据、智能制造、信息产业类企业。咨询电话：13699052889。

（2）成都崇州经开区智能制造标准化厂房，位于晨曦大道中段，总建筑面积22万平方米，其中厂房15栋、综合楼1栋，共19万平方米可供企业入驻。户型A：整栋10 341平方米，每层3 397平方米，共三层（四栋A户型）。户型B：整栋13 738平方米，每层3 397平方米，共四层（七栋B户型）。户型C：整栋10 341平方米，共三层（一栋C户型）。户型D：整栋16 532平方米，每层5 461平方米，共三层（两栋D户型）。综合楼：17 512平方米，共5层。主要招引设备制造、电子材料、孵化研发、封测测试、机械加工等高精尖智造产业。咨询电话：鲜经理，15908185626。

（五）人才公寓项目介绍

1.建成项目

明湖公寓，位于明湖社区，占地面积12.34亩，建筑规模2.78万平方米，修建住房234套（58平方米98套、96平方米136套）。项目于2019年3月交付使用并开展分配工作，目前已分配安置110套，为产业园区技能人才和基础人才130人提供租赁住房。咨询电话：13086640990。

2.在建项目

人才公寓建设项目，位于明湖片区，建成后总建筑面积3.6万平方米，其中2.4万平方米、282套房可供产业人才入住，户型面积主要分布为40平方米至120平方米。咨询电话：17361050472。

有意者请注意以下联系方式（名片）：

区（市）县	产业功能区名称	公众号名称	联系电话	二维码
崇州市	成都智能应用产业功能区	崇州市智能应用产业功能区	028-82391990	

十、淮州新城

（一）功能区简介

淮州新城位于成都市金堂县，2035年规划建设用地面积70平方千米（其中工业板块约30平方千米），核心起步区面积3.93平方千米，现状面积约30平方千米（工业板块现状约19平方千米），共聚集企业474家，其中规模以上工业企业113家，高新技术企业25家。目前有通威光伏、康力电梯等智能制造领域重点企业入驻。

2019年，功能区规模以上工业企业完成总产值156.3亿元，增长13.8%；完成主营业务收入121.9亿元，增长-1.2%。新签约前沿生物等产业化项目39个，协议总投资178.3亿元。国家西南区域应急救援中心选址落户淮州新城。功能区以节能环保、通用航空、应急救援为主导产业，按照"精筑城、广聚人、强功能、兴产业"的思路，以"创新提能、项目攻坚"为主题，围绕"一轴三片一社区"重点区域，大力推进片区综合开发，推动淮州新城加快崛起，全力打造绿色制造基地、现代职教基地，为奋力建设成都东北部区域中心城市贡献力量。

功能区先后获得"四川省中小企业创业基地""四川省循环经济示范点园区""四川省知识产权试点园区""和谐中国·最佳投资环境开发区""四川省和谐工业园区""四川省新型工业化示范基地""四川省特色产业基地""国家新型工业化产业示范基地"等称号。

（二）重点发展领域

聚焦节能环保、通用航空、应急安全三大主导产业，大力发展高效节能装备、先进环保装备、先进环保材料、能源新材料、节能环保服务、通航研发制造、通航运营、通航文化旅游、监测预警、防护防控、救援处置装备、应急救援、应急安全技术服务13大细分领域。

（三）单独供地准入指标

投资强度标准：不低于300万元/亩。

产出推荐指标：销售收入不低于450万元/亩，税收不低于20万元/亩。

建筑密度标准：不低于40%。

项目用地咨询电话：李梓逸，18200535186。

（四）产业载体项目介绍

1.建成项目

淮州智造新谷（标准化厂房），位于淮州新城纬三路以北经五路以东，共修建厂房22栋，建筑面积约12.68万平方米。咨询电话：贺老师，13408417478。

2.在建项目

（1）产投集团淮创智造标准化厂房，位于淮州新城纬三路以南经二路以东，建成后总建筑面积17万平方米。咨询电话：贺老师，13540704628。

（2）市交投集团100万平方米标准化厂房，位于淮州新城通航片区，建成后总建筑面积100万平方米。咨询电话：贺老师，13540704628。

（五）人才公寓项目介绍

在建项目：

淮州湾人才公寓，位于淮州新城同兴片区，建成后总建筑面积26万平方米，其中11.5万平方米、815套房可供产业人才入住，户型面积主要分布为90平方米至265平方米。咨询电话：李老师，13693405543。

有意者请注意以下联系方式（名片）：

区（市）县	产业功能区名称	公众号名称	联系电话	二维码
金堂县	淮州新城	成都淮州新城	13881931688	

十一、成都现代工业港

（一）功能区简介

成都现代工业港位于成都市郫都区，规划范围66.8平方千米，涵盖郫筒街道、红光街道，其中核心起步区面积2.67平方千米；工业园区部分规划总面积14.1平方千米，已建成10.26平方千米工业新城。产业功能区为国家级氢能装备产业基地、电子信息配套装备产业聚集区，重点发展氢能装备及电子信息配套装备产业，涵盖制氢、加氢装备，氢燃料电池、膜电极，氢能商用车整车、氢能装备检验检测平台；集成电路、人工智能、新型显示装备等领域。

成都现代工业港现有规模以上企业173家，其中规模以上工业企业149家，规模以上服务业企业12家；2019年产业功能区实现全口径营业收入356亿元，规模以上工业总产值210.8亿元，实现税收13.69亿元。先后获"四川省特色高新技术产业化基地""四川省知识产权示范园区""四川省最具投资价值产业园区"等殊荣。

（二）重点发展领域

重点发展制氢、加氢装备及关键配件，氢燃料电池系统、膜电极、氢能商用车整车制造、氢能装备检验检测平台；机器视觉、智能传感、工业机器人、高档数控机床、智能制造成套装备；凸点封装光刻机、蚀刻机和减薄装备；A01光学检测、激光切割、清洗传送设备等。

（三）单独供地准入指标

投资强度标准：不低于600万元/亩。

产出推荐指标：销售收入不低于600万元/亩，税收不低于40万元/亩。

建筑密度标准：不低于40%。

项目用地咨询电话：028-87973030。

（四）产业载体项目介绍

1.建成项目

已建成24万余平方米标准厂房，可供企业选择租赁落地，同时园区可提供工业建设用地，满足征地项目入驻需求。

2.在建项目

国盾高品质科创空间项目，占地面积888亩，总投资100亿元，总建筑面积约170万平方米，其中产业用地建筑面积99.1万平方米。项目重点围绕军工电子、航空航天、新一代信息技术、新材料等军民融合产业，搭建军民融合创新中心核心平台、产业加速转化平台、企业培育平台、研产一体化平台、配套服务平台五大重点产业平台，政府服务平台、成果发现与需求对接平台、人才服务平台、知识产权平台、展览展示平台、园区服务平台、金融服务平台七大服务平台，构建技术转化中心、大型科学仪器共享中心、高端研发、总部办公、孵化器、人才培训交流中心、展览展示中心、综合园区配套八大功能板块。主要招引集成电路、新型显示、5G应用、氢能装备及电子信息配套产业类企业。咨询电话：028-87973030。

（五）人才公寓项目介绍

在建项目：

智荟城一期，位于成都市郫都区安德街道清水河生态艺术公园北侧，紧邻菁蓉湖，占地面积107亩，项目总建筑面积（含地下室）约15.7万平方米，容积率1.5，建成后将提供人才公寓541套，户型面积主要分布为189平方米至246平方米。咨询电话：028-87973030。

有意者请注意以下联系方式（名片）：

区（市）县	产业功能区名称	公众号名称	联系电话	二维码
郫都区	成都现代工业港	成都现代工业港	028-87973006	

十二、青城山旅游装备产业功能区

（一）功能区简介

青城山旅游装备产业功能区位于都江堰市，规划面积114.4平方千米（其中工业板块11.8平方千米），核心区面积16.3平方千米，目前已建成面积9平方千米，共聚集企业365家，其中规模以上工业企业80家（含高新技术企业24家、绿色食品企业4家）。目前有四川华都核设备制造有限公司、成都一锦科技有限公司、成都市长峰钢铁集团有限公司等智能制造领域重点企业。

2019年，功能区招引了北京金地三福、苏州傅永健金属制品等智能制造产业项目，累计完成工业投资43亿元，实现全口径产值206亿元，规模以上工业增加值增幅12.5%以上，企业入库税收11.8亿元。功能区以户外运动装备、旅游休闲食品、旅游康养装备、低空飞行、轨道交通装备五大旅游装备智能制造为主导产业，将进一步重点围绕旅游装备智能制造发展方向，积极引导现有机械制造企业拓展业务范围，加强功能区户外运动、轨道交通、山地户外生活用品研发和智能制造能力，全力招引及培育一批旅游装备制造企业，持续做大产业规模，打造优势产业集群。

功能区先后获得"四川省中小企业创业基地""四川省循环经济示范点园区""四川省知识产权试点园区""和谐中国•最佳投资环境开发区""四川省和谐工业园区""四川省新型工业化示范基地"等称号。

（二）重点发展领域

重点发展集成房屋、户外用品、运动器械、游乐设施设备、缆车及索道轨道等旅游装备；休闲游戏、VR（虚拟现实）/AR（增强现实）等消费电子产品设备，打造国内领先的旅游装备集群发展承载地。

（三）单独供地准入指标

投资强度标准：不低于300万元/亩。

产出推荐指标：销售收入不低于350万元/亩，税收不低于25万元/亩。

建筑密度标准：不低于40%。

项目用地咨询电话：028-87187666。

（四）产业载体项目介绍

1.建成项目

（1）标准化厂房项目

政府投资：就业创业基地和中小企业园两处标准化厂房，总建筑面积约18.96万平方米，可供企业入驻；厂房面积分布为1 157.43平方米至16 482平方米，主要招引智能制造、绿色食品产业类企业。咨询电话：028-87115006。

社会投资：浩旺机电园、海业鑫、钧福、恒丰机电、鑫亿佳、一锦科技、兴盛达、骏驰等8家企业，位于青城山旅游装备产业功能区，建成标准化厂房约29.06万平方米，可供企业入驻；厂房面积分布为1 000平方米至10 000平方米。主要招引智能制造、绿色食品产业类企业。咨询电话：028-87187093。

（2）专业楼宇

社会投资：钧福、龙日、骏驰等8家企业，位于青城山旅游装备产业功能区，建成专业楼宇约3.52万平方米，可供企业入驻；厂房面积分布为2 000平方米至8 000平方米。主要招引总部经济、科技研发、新经济产业类企业。咨询电话：028-87187093。

2.在建项目

（1）标准化厂房

政府投资：经开区标准化厂房、专业楼宇及配套用房建设（一期）项目，位于蒲阳镇互助村，其中标准化厂房10万平方米，全部可供企业入驻，面积主要分布为6 657.42平方米至13 194.95平方米。主要招引智能制造、绿色食品产业类企业。咨询电话：市工投公司，028-87115006。

社会投资项目：恒一（成都）食品标准化厂房项目，位于四川省成都市都江堰市四川都江堰经济开发区泰兴大道2号，建成后总建筑面积5万平方米，其中3.5万平方米可供企业入驻，户型面积主要分布为4 000平方米至10 000平方米。主要招引绿色食品产业类企业。咨询电话：028-87187093。

（2）专业楼宇

经开区标准化厂房、专业楼宇及配套用房建设（一期）项目，位于蒲阳镇互助村，其中专业楼宇3万平方米，全部可供企业入驻，面积主要分布为2 660.18平方米至6 045.78平方米。主要招引总部经济、科技研发、新经济产业类企业。咨询电话：市工投公司，028-87115006。

（五）人才公寓项目介绍

1.建成项目

天府软件园都江堰孵化园A、B区（经开区配套职工倒班房及商业配套区），位于蒲阳镇上阳街279号、305号、351号、353号，总建筑面积7.38万平方米。孵化园A区建筑面积约3.72万平方米、556套房可供产业人才入住，户型面积主要分别为21平方米至30平方米。孵化园B区建筑面积约3.66万平方米、582套房可供产业人才入住，户型面积主要分布为21平方米至30平方米。咨询电话：市工投公司，028-87115006。

2.在建项目

经开区标准化厂房、专业楼宇及配套用房建设（一期）项目，位于蒲阳镇互助村，建成后总建筑面积3.07万平方米，其中已动工2.07万平方米、拟建1万平方米，178套房可供产业人才入住，户型面积主要分布为100平方米至120平方米。咨询电话：市工投公司，028-87115006。

有意者请注意以下联系方式（名片）：

区（市）县	产业功能区名称	公众号名称	联系电话	二维码
都江堰市	青城山旅游装备产业功能区	都江堰产业新城	028-87187666	

十三、大邑文体智能装备产业功能区

（一）功能区简介

大邑文体智能装备产业功能区位于大邑县，规划面积26.7平方千米（其中工业板块23.3平方千米），核心区面积5平方千米（其中起步区1平方千米），目前已建成9.04平方千米，共聚集企业459家，其中规模以上工业企业126家，入驻世界500强企业3家（威立雅能源、海螺型材、五矿集团），国家高新技术企业28家，大宏立等两家本土企业成功上市，天邑康和等3家企业入选四川民营企业百强，冶金实验厂等两家企业入选四川省绿色制造示范单位。功能区拥有中国驰名商标9件、省著名商标37件、市著名商标57件，均位列郊区新城第一。

2019年，功能区完成全口径工业总产值380亿元，同比增长8.57%，入库税收12.23亿元，完成规模以上工业增加值增幅10.7%。功能区以文化旅游产品与装备为主导产业，以产业生态圈为引领，错位协同发展，重点培育文体智能装备产业，构建主业突出、绿色本底、效益显著的文体智能装备产业新高地，着力将文体功能区打造成"科技创新的先导区、文体装备的集聚区、传统产业的升级区、功能提升的引领区、特色示范的核心区"，构建文体功能区"五区合一"的发展新格局。

功能区先后获得"四川通用机械配套产业知名品牌创建示范区""四川省现代制造业示范区""省级循环化改造示范试点园

区""成都市清洁生产试点区""四川省和谐劳动关系示范园区""省级知识产权示点园区"等称号。2017年获批"全国石油机械配套产业知名品牌创建示范区"。2018年，成都市政府表彰大邑经济开发区管委会为成都市模范和谐劳动关系先进集体。

（二）重点发展领域

重点发展户外运动装备、旅游交通装备等旅游设施设备，竞技设备等休闲娱乐产品，电子娱乐、文旅体验、网络通信、VR（虚拟现实）、AR（增强现实）等消费电子产品与设备制造，可穿戴设备、智能终端、数字影音、其他智能成套设备等智能消费设备，打造西部领先的特色文旅装备产业承载地。

（三）单独供地准入指标

投资强度标准：不低于350万元/亩。

产出推荐指标：销售收入不低于450万元/亩，税收不低于24万元/亩。

建筑密度标准：不小于45%（其中非生产建筑用地不大于总规划用地面积的7%，非生产性用房建筑面积不大于总建筑面积的15%）。

容积率指标：不小于1.0。

绿化率指标：不大于15%。

退距：临主、次干道的建筑物须退离道路红线不小于15米，临支路的退离道路红线不小于6米。

项目用地咨询电话：028-88283816。

（四）产业载体项目介绍

1.建成项目

（1）珉田数字产业园，位于功能区东区欣业大道，总建筑面积18.5万平方米，其中2万平方米可供企业入驻，户型面积主要分布为1 500平方米至3 600平方米。主要招引大数据产业类企业。咨询电话：028-88283816。

（2）中国·绿色食品产业园，位于大邑县王泗镇，总建筑面积3.9万平方米，户型面积主要分布为1 000平方米至3 200平方米。主要招引旅游休闲食品等项目入驻。咨询电话：028-88283816。

2.在建项目

大邑文体智能装备产业创新平台，位于功能区东区东岳大道，建成后总建筑面积18万平方米，其中12.9万平方米可供企业入驻，建筑（综合研发办公室）户型面积主要分布为70平方米至1 300平方米；建筑（专家楼）户型面积主要分布为50平方米至100平方米；建筑（员工宿舍楼）户型面积主要为40平方米；建筑（标准化厂房）总面积6.1万平方米，共5层，每层面积1.22万平方米，户型面积可分割的最小面积为1 200平方米和3 500平方米。主要招引文体智能装备产业类企业。咨询电话：028-88283816。

（五）人才公寓项目介绍

1.在建项目

（1）"樾江峰荟"人才公寓项目，位于成都市大邑县晋原街道雪山大道，总建筑面积14万平方米，其中9.5万平方米、712套房可供产业人才入住，户型面积主要分布为102平方米至197平方米。咨询电话：028-88290117。

（2）"亿澜峰荟"人才公寓项目，位于成都市大邑县晋原街道雪山大道与邛邛故道交汇处，总建筑面积 11万平方米，其中7.7万平方米、554套房可供产业人才入住，户型面积主要分布为104平方米至153平方米。咨询电话：028-88290117。

有意者请注意以下联系方式（名片）：

区（市）县	产业功能区名称	公众号名称	联系电话	二维码
大邑县	大邑文体智能装备产业功能区	四川大邑经济开发区	028-88283816	

中国·大邑

西岭雪山下的公园城市

成都·大邑
文体智能装备产业功能区

十四、新都智能家居产业城

（一）功能区简介

新都智能家居产业城位于新都区，总规划面积108平方千米，核心区面积6.07平方千米（其中工业板块1.79平方千米），目前已建成面积3.70平方千米，共聚集企业100余家，其中规模以上工业企业15家、民营500强企业2家。目前有帝标家居、千树家居、好迪家居等智能制造领域重点企业入驻。

2019年，产业城实现固定资产投资17.3亿元，完成规模以上工业总产值15.7亿元，完成商业销售额5.5亿元，实现税收9 200万元。功能区以智能家居为主导产业，按照产业生态圈发展思路，突出核心功能区建设、补足产业链短板，从传统家具制造向"智能制造+智慧家居"转型，从单一的产销基地向功能复合的产业新城迈进。

产业城先后获评"中国西南家具产业基地""全国板式家具产业知名品牌创建示范区"，是四川省首批认定的"现代服务业集聚区"。

（二）重点发展领域

重点发展家具智造4.0、智能定制设计、新营销等产业，大力发展智慧物流、智慧旅游、产业基金、5G信息基建、职业教育培训等配套服务，重点打造智能家居战略研发中心、智能家居产业大数据平台、智能家居技术集成平台。

（三）单独供地准入指标

投资强度标准：不低于350万元/亩。

产出推荐指标：销售收入不低于400万元/亩，税收不低于20万元/亩。

建筑密度标准：不低于40%。

项目用地咨询电话：028-83086688。

（四）产业载体项目介绍

1.建成项目

（1）香江·全球家居CBD项目，位于新都智能家居产业城核心区，总建筑面积55万平方米，其中15万平方米可供企业入驻，户型面积根据企业需要进行统一整合。主要招引全球家具建材批发中心、国际家居品牌博览中心、全球家居品牌体验中心、行业展会、电子商务、商务办公、文化创意等平台企业。

（2）家和家园项目，位于新都智能家居产业城核心区，规划总建筑面积约40万平方米，分三期建设。其中一期已建成建筑面积约11万平方米，已开展家居展览贸易等经营活动；二期建筑面积约10万平方米，主要招引智能家居先进制造产业上下游的机械设备、零部件配套，新型工业材料研发、展示，以及数字化生产服务企业。

（3）家百年项目，位于新都智能家居产业城核心区，建筑总面积约4.3万平方米，基于全龄、全时、全场景的居家康养需求，以整合智能家居与医疗健康产业在健康管理、医疗技术、人工智能、物联网等方面的资源和技术优势为目标，主要招引打造家庭智慧康养应用场景展示及销售平台，提供智能化健康管理配套服务的企业。

2.在建项目

北大资源科创城，总投资136亿元，整体规划空间约2 620亩，位于新都智能家居产业城核心起步区，项目一期包括智慧城市展厅、中央创智公园和配套中小学校，建成后总建筑面积9.68万平方米（不含市政公园2.61万平方米），其中0.23万平方米可供企业入驻。主要招引智能家居技术展示和创新企业。

有意者请注意以下联系方式（名片）：

区（市）县	产业功能区名称	公众号名称	联系电话	二维码
新都区	新都智能家居产业城	成都市新都区智能家居产业城	028-80597708	

规划篇

十五、总体发展目标

到2025年，制造业智能制造水平显著提升，智能装备和工业软件领域取得突破，智能制造发展基础和支撑能力明显增加，建成智能工厂100家，推动1 000家工业企业实施数字化、智能化改造，智能制造核心产业产值达到600亿元，全产业链规模达2 000亿元，培育3~5家主营业务收入超10亿元的系统解决方案供应商，智能制造产业生态圈基本建成。

十六、产业发展重点

（一）智能制造装备

联合四川大学、电子科技大学、西南交通大学等具有较强科研实力的高校、企业及科研院所共建智能产业联合实验室、教学实验示范中心、工程技术中心等创新平台，通过持续支持重点领域高端装备研制，突破一批关键核心技术，开发一批重大成套装备。

1.高档数控机床

以做精做强、形成特色为重点，重点发展五轴联动数控机床、高精度及高可靠性数控磨床、大重型特种数控加工装备、高端专用数控加工装备，大力发展具备网络通信功能的卧式加工中心、高速钻攻加工中心、柔性加工中心等成套数控机床；突破高速、高精度、高可靠性功能部件和数字化、网络化、智能化数控系统装置及伺服驱动装置，提升高性能数控机床关键零部件和控制系统的本地化配套水平。

2.机器人

以智能升级、突破核心为重点，重点发展焊接、切割、搬运、真空（洁净）等工业机器人，电力巡检、道路检测、极限作业、安防救援等特种机器人，康复治疗、教育娱乐、辅助看护、家庭服务等服务机器人；重点突破减速器、控制器、伺服驱动器等关键零部件；积极推进人机协作机器人、双臂机器人、全自主编程智能工业机器人等新一代机器人产品研发；围绕机器人集成应用，强化整机系统集成和二次开发，培育一批具备机器人系统集成能力的企业。

3.增材制造装备

以创新研制、产用联动为重点，重点发展激光/电子束高效选区熔化、大型整体构件激光及电子束送粉/送丝熔化沉积、液态金属喷墨打印等金属3D打印装备，光固化成形、熔融沉积成形、激光选区烧结成形、无模铸型以及材料喷射成形等非金属3D打印装备；大力研制增减材复合装备、工业级高速电弧沉积金属3D打印系统设备、多尺度多热源高效精密金属3D打印装备和自适应激光快速成型装备。

4.智能传感与控制装备

以技术攻关、加强互联为重点，重点发展高性能光纤传感器、微机电系统传感器、视觉传感器、机器人用触觉传感器及智能测量仪表；重点研发分散式控制系统、可编程逻辑控制器、数据采集系统、高性能高可靠嵌入式控制系统装备和数字化非接触精密测量、在线无损检测系统、可视化柔性装配、基于大数据的在线故障诊断与分析等系统装备，促进工业系统互联，推进生产制造设备联网和智能管控。

5.智能成套装备

以集成发展、扩大应用为重点，面向重点行业生产制造智能化升级需求，推进关键技术装备、工业软件、工业互联网的集成创新和应用示范，大力开发一批适用性强的柔性化、智能化和绿色化成套装备。重点发展战略性新兴产业领域和传统产业领域智能成套装备，积极支持发展智能柔性生产系统、自动化数字化生产线、智能化焊接等成套装备。突破全数字化控制、自主导航、智能避障等智慧物流技术，大力发展重载AGV（自动导引运输车）、智能穿梭式货架、高参数自动化立体仓库、高速大容量输送与分拣设备、车间物流智能化装置等物流与仓储装备。

（二）工业软件与系统集成

充分发挥成都软件研发优势，研究开发设计仿真、工业控制、业务管理、数据管理等工业软件，推进软件集成应用，重点突破设计仿真、制造执行系统(MES)、全生命周期管理等核心软件。支持装备企业、软件企业积极向优秀智能制造系统解决方案供应商转型；支持智能制造系统解决方案供应商与产业园区、重点用户企业开展长期战略合作，面向特色行业提供专业解决方案服务。

（三）工业互联网及公共服务平台

强化提升网络、平台、安全三大功能体系赋能能力，培育工业互联网创新解决方案、标杆企业和示范园区，深入推动企业上"云端"，进一步提升工业互联网在智能制造领域的应用能力。加快建设工业互联网平台，以线上平台运营和线下深度服务相结合的创新模式，帮助制造业企业更好地寻求转型升级之路，为系统解决方案供应商、软件开发商、设备制造商和用户提供更精准快捷的对接服务，有效带动区域企业转型升级。

十七、主要任务

（一）提升产业能级

一是壮大智能制造装备产业。围绕高档数控机床、机器人、增材制造装备、智能传感与控制装备等需求，加快引进一批智能传感、伺服电机、控制器等关键核心零部件企业，着力开发面向集成电路、生物医药、航空航天、汽车、石油化工、农产品加工等行业的智能制造成套装备。二是培育系统集成服务商。围绕成渝地区重点领域生产线智能化改造需求，培育壮大一批制造业智能化改造整体解决方案提供商及工程服务商，提升集成开发和工程实施能力。三是提升工业软件支撑能力。依托成都天府新区、成都高新区的软件基础，重点开发产品数字化设计与虚拟制造软件、业务管理软件、数据管理软件、工业控制软件等工业软件，提升工业软件自主可控能力。

（二）开展智能制造试点示范

聚焦电子信息、医药健康、装备制造、新型材料、绿色食品等重点领域，积极探索流程型、离散型、网络协同、大规模定制、远程运营维护服务等智能制造新模式，树立一批应用示范典型，引领制造业转型发展，建设一批数字化车间/智能工厂，培育一批智能制造标杆企业。开展智能制造诊断服务，推广成熟智能制造新模式，引导中小企业实施"机器换人"，实施设备更新和自动化数字化改造，开展管理信息化和数字化升级试点应用，提升中小企业智能化水平。

（三）开展重大项目招引

一是完善招商项目储备库。围绕产业链"薄弱缺"环节，梳理上下游和关键配套目标企业，进一步优化"两图一表"，持续完善招商项目储备库。二是招引上下游关键企业。重点研判智能制造产业发展趋势，全面把握产业技术及市场动态，主动对接全球产业链高端和价值链核心，大力招引全球行业巨头和国内龙头企业。三是招引功能性项目。重点引进技术研发、产品设计、检验检测、标准认证、法律咨询、物流配送等功能性、平台性项目。

（四）提升创新资源供给水平

一是加强创新平台建设。支持头部企业、科研院校等建设成都智能装备研发与转化创新平台，开展智能制造关键共性技术和装备研发、标准验证以及技术成果转化。二是加速科技成果产业化。支持科研院所、高等院校、龙头企业建立一批从事中试试验、技术集成、成果熟化、工程化的联合孵化基地；定期组织开展科技成果对接活动，促进相关研究机构、智能装备企业、系统集成企业等与用户企业对接，以应用促发展、促创新，切实推动科技成果产业化。

（五）构建社区化功能体系

一是加快推进产业社区建设。加快完善城市交通、信息、能源等基础设施体系，优化产业社区管理，探索"政府+企业+专业服务机构"的管理方式，提升产业社区管理服务效能。二是完善生产生活配套功能。加快发展第三方检验检测认证，着力建成一批公共服务平台；探索推进符合智能制造产业特质的工业楼宇建设，积极引进专业化运营机构，提升运营管理水平。围绕智能制造产业生态圈就业人群高学历、高收入、年轻化等特点，高度关注企业个性化需求，精准配置生活配套服务设施。三是打造高品质科创空间。围绕企业全生命周期需求，加快建设一批产业社区型、项目孵化型、产城一体型、商业载体型等科技创新空间，推动产业需求与科技创新有机融合。

（六）完善专业化政策体系

一是完善专业化政策保障体系。鼓励企业参与高档数控机床与基础制造装备、增材制造与激光制造、智能机器人等国家科技重大专项；加快制定和出台支持智能制造产业发展若干政策措施，在智能制造技术创新、装备市场化应用、智能制造改造、系统集成服务商培育等方面给予精准支持。二是夯实产业人才支撑。聚焦成都智能制造产业链关键环节、重点领域，编制人才需求目录，实现精准引才。支持智能制造企业选派技术骨干和高级管理人员赴国内外著名高校开展短期研修，积极培养推送优秀人才进入国际行业组织。强化技能人才培养开发，推行产教融合、工学一体的培养模式，培养一批熟悉工业机器人、智能生产线等理论，并具有较强实践操作能力的产业工人。三是强化金融要素保障。组建按市场化方式运作的智能制造政府引导基金，重点投向智能制造装备、工业软件、工业互联网平台等关键领域；探索基金招商新模式，发挥基金的信息"触角"功能，快速挖掘智能制造企业最新投资动态，高效引进相关项目；支持国内外私募股权投资基金投资我市企业或投放新项目。支持智能制造装备融资租赁公司发展，鼓励工业企业通过融资租赁方式实施智能化改造。

政策篇

十八、市级政策（见表18-1）

表18-1　成都智能制造产业生态圈市级重点政策汇总

序号	政策摘要	政策来源	有效期限
1	支持人工智能行业融合应用创新。支持面向5G、超高清视频、VR/AR、集成电路、车联网等融合应用领域，建设集产业监测、评估测试、应用示范为一体的市人工智能融合创新中心。对企业投资的人工智能+"军民融合""交通物流""智慧旅游""智能制造""公共服务""城市管理""现代金融"等行业融合应用示范项目，按照投入的20%给予最高不超过300万元一次性补贴。		
2	支持"AI+企业培育"工程。优先支持人工智能领军企业、创新企业和种子企业，创新企业纳入新经济"双百工程"重点企业。瞄准国际国内领军企业开展高端招商，对新引进注册的人工智能企业一年内达到成都市确定的跨国公司地区总部、综合型（区域型）总部、功能型总部等总部企业标准条件的，可给予企业及其高级管理人员最高5 000万元奖励。对市外新引进投资1亿元（含）以上且在签约一年内开工建设的重大人工智能项目，按两年内实际固定资产投入的3%给予最高500万元补助。对固定资产投入达1 000万元（含）以上人工智能技术改造项目，按投入的5%给予最高500万元补助。对采用智能装备和智能制造系统解决方案，实施生产线智能化改造和建设数字化车间/智能工厂的企业，根据项目投入最高20%，不超过500万元补助。对具有国际化背景、自主创新能力强、品牌知名度高、赢利模式成功、发展前景良好，对本地产业发展有重大引导作用的人工智能领域重大项目予以重点扶持，享受"一事一议"优惠政策。	《成都市加快人工智能产业发展专项政策》（成办函〔2019〕15号）	2019年3月3日—2023年3月2日
3	支持"AI+场景应用"具象化工程示范。将符合条件的人工智能新产品纳入名优产品推荐目录，将符合条件下优先支持"AI+场景应用"具象化工程项目申报人工智能（行业融合）创新应用示范。组织评选并支持打造一批有影响力的人工智能示范企业、工业智联网示范工厂、人工智能应用示范医院和智慧健康养老示范基地。		
4	支持企业上平台用服务。对面向我市企业提供人工智能服务的重点公共服务平台，按照企业购买服务的20%发放"服务券"，单个企业年度最高不超过5万元，单个平台年度最高不超过200万元。		

表18-1(续)

序号	政策摘要	政策来源	有效期限
5	上一年度实际销售总额小于2 500万元的,按年度实际销售总额的10%减去已获得的四川省重大装备首台(套)研制与应用奖励资金(以下简称省奖励资金)给予补助;上一年度实际销售总额大于2 500万元(含2 500万元)的,按照250万元减去已获得的省奖励资金给予补助。		
6	按照项目建设(运营)投入的20%给予最低10万元、最高300万元支持。项目建设(运营)投入包括硬件、软件研发投入(含系统设计、软件开发、硬件开发、系统集成、技术服务、系统软件及工具软件购置、运营人力投入)和研发、外购或委托他人开发的软件费用(含工资、社保、公积金,不超过项目总投入的30%)。	《成都市经济和信息化委员会、成都市财政局关于印发贯彻〈创新要素供给培育产业生态提升国家中心城市产业能级〉项目申报指南的通知》(成经信财〔2017〕89号)	2017年12月14日—2022年12月13日
7	按项目软件、硬件等信息化投入及工业机器人、数控车床、自动化生产线等设备投入的15%给予最高500万元支持。鼓励企业采用我市智能制造解决方案,对采用我市企业产品、服务超过50%的,按项目投入的20%给予最高500万元支持。对采用高档数控机床、工业机器人、智能仪器仪表、智能化控制系统、自动化成套生产装备和智能装备等智能制造产品,实施生产线智能化改造和建设数字化车间/智能工厂的企业,按项目投入的15%给予资金支持;购置本地企业生产的智能装备产品超过50%的,再增加项目投入5%的资金支持。单个项目补助最高不超过500万元。		
8	对纳入国家、省两化融合管理体系贯标试点企业的,给予最高10万元的一次性奖励,对实现达标的给予最高20万元的一次性奖励;支持第三方机构开展两化融合咨询、培训等专业化服务,对纳入国家企业两化融合管理体系第三方贯标服务机构的,给予最高20万元的一次性奖励,对成为认定服务机构的,给予最高50万元的一次性奖励。		

十九、区（市）县及产业功能区政策（见表19-1）

表19-1　成都智能制造产业生态圈区（市）县及产业功能区重点政策汇总

序号	产业功能区	政策名称
1	成都科学城	《关于促进高校院所科技企业成果转化的若干政策措施》（天成管发〔2016〕25号）
2		《关于加快数字经济高质量发展的若干政策》（天成管办发〔2019〕23号）
3		《天府新区成都直管区"天府英才计划"实施办法》（天成管办发〔2017〕52号）
4		《关于加快科技创新和高技术服务业发展的若干政策》（天成管发〔2017〕15号）
5	成都电子信息产业功能区	《成都高新技术产业开发区关于深化产业培育　实现高质量发展若干政策的意见（修订）》（成高管发〔2020〕5号）
6		《成都高新技术产业开发区关于科技创新驱动高质量发展的若干政策》（成高管发〔2020〕7号）
7		《成都高新区实施"金熊猫"计划　促进人才资源向创新动能转化若干政策》（成高委发〔2019〕17号）
8		《成都高新技术产业开发区关于优化产业服务　促进企业发展的若干政策意见（修订）》（成高管发〔2020〕6号）
9		《成都高新技术产业开发区关于加快金融业高质量发展的若干政策》（成高管发〔2020〕9号）
10	天府智能制造产业园	《新津区引进培育"津英人才"若干政策》（新人才〔2019〕2号）
11		《新津区支持智能科技产业发展政策》（新委办〔2020〕4号）
12		《新津区金融支持实体经济政策》（新委办〔2020〕6号）
13		《新津区促进民营经济高质量发展若干政策措施》（新委发〔2018〕15号）

表19-1（续）

序号	产业功能区	政策名称
14		《成都市青白江区关于促进产业发展若干政策》（青府发〔2018〕5号）
15	青白江欧洲产业城	《关于促进产业功能区及园区人才发展的若干措施（试行）》（青委办发〔2019〕58号）
16		《成都市青白江区"智汇青白江·产业英才引进计划"暂行办法》（青委办发〔2017〕78号）
17		《成都市青白江区"蓉欧+"战略特需人才引进办法（试行）》（青委办发〔2017〕14号）
18		《中共成都市成华区委 成都市成华区人民政府关于成华区勇当成都建设国家中心城市排头兵 支持实体经济发展若干政策的意见》（成华委发〔2017〕1号）
19	成都龙潭新经济产业功能区	《中共成都市成华区委 成都市成华区人民政府关于促进产业集聚发展若干政策的意见》（成华发〔2017〕10号）
20		《中共成都市成华区委 成都市成华区人民政府印发关于实施"成华英才计划" 促进人才优先发展的若干政策（试行）》（成华委发〔2017〕15号）
21		《中共成都市成华区委 成都市成华区人民政府关于营造新生态 发展新经济 培育新动能的实施意见》（成华委发〔2019〕6号）。
22		《中德（蒲江）中小企业合作区工业产业扶持办法》（蒲府发〔2020〕7号）
23	中德（蒲江）中小企业合作区	《蒲江县促进工业发展的若干意见》（蒲府发〔2017〕24号）
24		《蒲江县人才安居工程实施办法》（蒲住建发〔2017〕18号）
25		《关于进一步加强人才激励若干措施的意见》（蒲委办〔2017〕16号）
26	成都空天产业功能区	《关于印发简阳市促进产业发展相关政策的通知》（简委发〔2017〕16号）
27		《关于印发简阳市促进招商引资 推动产业发展相关政策清单的通知》（简委发〔2017〕17号）

表19-1（续）

序号	产业功能区	政策名称
28	成都智能应用产业功能区	《崇州市实施人才优先发展战略 开展"品质崇州·英才汇聚行动计划"》（崇委办〔2018〕30号）
29		《关于加快主导产业发展的若干扶持政策》（崇委发〔2017〕9号）
30		《崇州市鼓励促进主导产业、重点项目投资政策》（崇委办〔2018〕10号）
31	淮州新城	《金堂县关于促进产业发展的若干政策》（金委发〔2018〕8号）
32		《关于进一步加强人才激励 夯实"东进"人才支撑的实施办法》（金委发〔2017〕10号）
33	成都现代工业港	《成都市郫都区人民政府关于印发推进工业经济加快发展的若干政策的通知》（郫府发〔2017〕30号）
34		《成都市郫都区重点产业发展扶持政策的通知》（郫府发〔2017〕24号）
35		《"郫都菁英"产业人才计划若干政策》（郫委办〔2018〕11号）
36		《成都市郫都区鼓励工业高质量发展若干政策》（郫府发〔2020〕6号）
37	青城山旅游装备产业功能区	《都江堰市促进工业经济高质量发展若干政策措施》
38		《促进四川都江堰经济开发区绿色科技产业发展加快发展若干政策》（都办发〔2017〕41号）
39	大邑文体智能装备产业功能区	《大邑县高端绿色科技产业扶持政策》（大邑府发〔2017〕11号）
40		《大邑县实施人才优先发展战略行动计划》（大委办〔2017〕40号）
41		《大邑县关于进一步加强人才管理和服务工作的实施意见》（大委发〔2017〕9号）
42	新都智能家居产业城	《成都市新都区发展新经济 培育新动能若干政策措施》《新都区新经济企业梯度培育库实施办法》（新府发〔2019〕1号）
43		《新都区兑现疫情间扶持企业发展政策的实施细则》（新都府办函〔2020〕17号）
44		《新都区应对疫情稳增长的政策举措》（新都发改〔2020〕44号）

附 录

附录一、智能制造产业生态圈全市空间布局图、产业链全景图、发展路径图（见附图1、附图2、附图3）

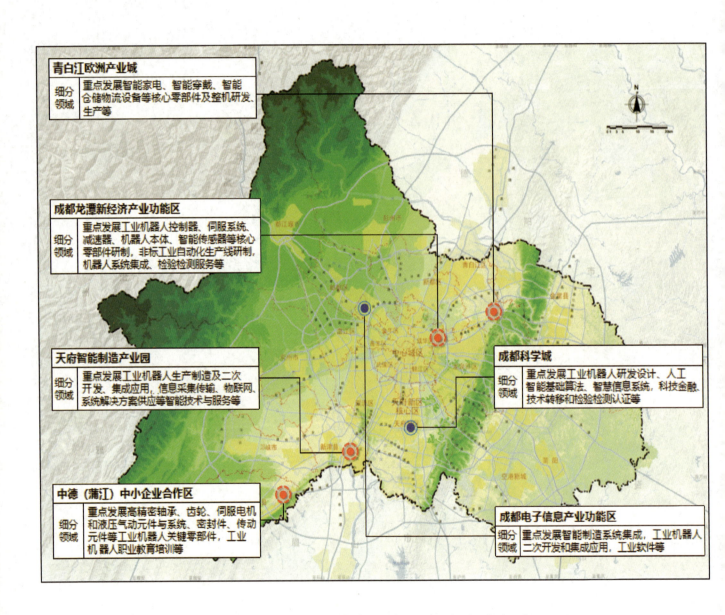

附图1　智能制造产业生态圈全市空间布局图

附图 2　智能制造产业链全景图

层级	子类	细分
感知层	基础硬件	芯片显示器件、智能传感器、智能控制器、智能仪器仪表、网络通信模块
网络层	支撑技术	物联网技术、5G通信技术、大数据技术、人工智能技术
网络层	信息平台	工业云计算服务平台、工业大数据服务平台、其他服务平台
执行层	工业软件	研发设计类、业务管理软件、数据管理软件、工业控制软件
执行层	智能制造装备	工业机器人、高档数控机床、增材制造装备、智能物流与仓储装备、……
应用层	系统集成服务	整体方案服务商、智能成套设备供应商、自动化集成商、工业信息化集成商
应用层	行业应用	轨道交通、电子信息、汽车、……
应用层	智能消费产品	智能穿戴设备、智能家居、智能汽车

行业领军企业

领域	代表企业
基础硬件	美新半导体、明皜传感、和而泰、拓邦股份、和晶科技、中颖电子、兆易创新、澜起电子等
支撑技术	阿里云、腾讯科技、旷视科技、云知声、依图科技、商汤科技、创鑫科技、小鱼在家、集奥聚合、腾云填下等
信息平台	工业云计算服务平台、工业大数据服务平台等
工业软件	西门子、通用电气、ABB、IBM、SAP、甲骨文、达索、用友、金蝶、浪潮、中控集团、华天软件、中望等
智能制造装备	发那科、安川、库卡、ABB、杜尔、徕斯、柯马、应美盛、楼氏电子、博世、高通、沈阳新松、埃夫特、武汉华中、铭力特、华昌高科、士兰微、汇顶科技等
系统集成服务	西门子、柯马公司、杜尔公司、坤厚科、霍尼韦尔、科能、欧姆龙、ABB、库卡、安川、发那科、石化盈科、中冶京诚、浙江中控、沈阳机床、思爱普、思科、宝信软件、国电南瑞、浪潮信息、帅捷软件、数码方方、腾众
行业应用	西门子、发特东、中国石油、中国石化、霍尼韦尔、三一重工、京东方、中车、中车吉利、一汽大众、跨境铭、比亚迪、美的、海尔等
智能消费产品	苹果、微软、华为、小米、优必选、大疆、无人机、广州近零、工业互联、美的、云米科技等

成都企业

领域	代表企业
基础硬件	英特尔、京东方、华为、歌通动力、明皜高新、西门子等
支撑技术/信息平台	紫光云计算、正实大数据、京东成都研究院、电科创零、准星云学、数之联、四方伟业、积微物联、四方伟业、中电、九天等
工业软件	虹信软件、凯斯威科技、信息、新华三、中科信息、前沿动力、运达科技等
智能制造装备	普什宁江、普瑞斯、先临三维、卡诺普、西谷物联、四威高科、民航飞机、东熊聚科、三叶科技、三级科技、乐创自动化等
系统集成服务	四川省机械设计研究院、工业云（四川）创新中心、四川协同创新智能装备、成焊宝玛、中电九天、华为四川云服务、数字天空等
行业应用	成飞、巴斯德、成都京东方、乳业、成威太阳能、新筑、阿尔斯通通、科伦、新华西、一汽大众、长客新筑股份
智能消费产品	极米科技、云米科技、荷码科技、格力电器、长虹电器等

关键短板

一是高档数控机床、工业机器人、增材制造装备、智能成套装备、传感控制与检测装备等核心关键环节缺失，制造的内生动力尚未有效激发，社会各界共同推动智能制造发展的氛围尚未形成。缺乏产业集聚布局和龙头企业引领。

二是工业软件等发展智能制造所需的支撑环节薄弱，工业软件基础薄弱。

三是智能制造专业人才缺乏。

四是企业对智能制造及其成效的认识不够，开展智能制造相关支撑不足。

突破方向

一是高档数控机床、工业机器人、增材制造装备、聚焦智能制造装备、智能成套装备供给基地，附有国内重要的增材制造新兴产业集聚区。

二是面向重点领域生产线智能化改造需求，加速自主化发展、重点突破高端数控机床、机器人、国内知名的机器人研评基地、国内一流的数字化设计与开发平台、重点开发工程数字化与先进工业控制软件、数据管理软件、工业控制软件等工业软件。

三是培育壮大一批制造业智能化改造整体解决方案提供商及工程服务商，提升智能化能力。三是维动5G技术、云技术、人工智能计算、数字技术与先进。

四是推动基础硬件领域跨领域融合，着力提升消费终端产品智能化水平。

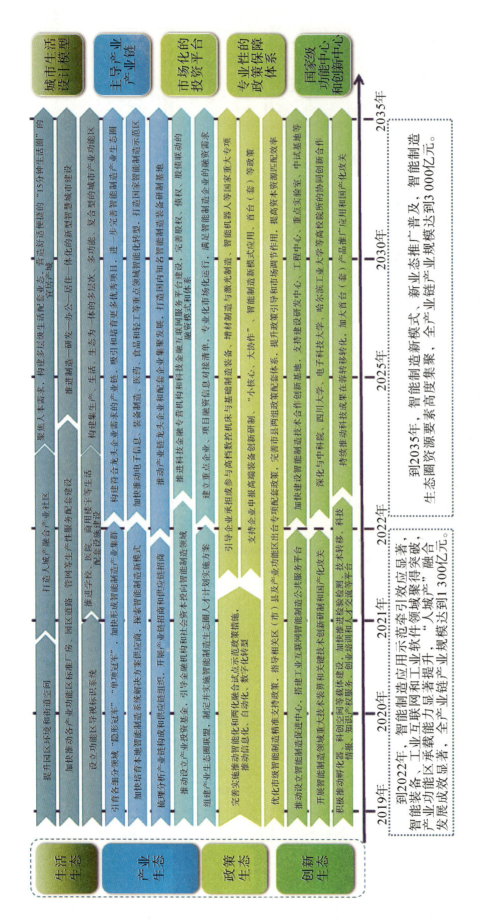

附图3　智能制造产业生态发展路径图

附录二、全市智能制造产业重大项目推进表（见附表1）

附表1　全市智能制造产业重大项目推进表

序号	企业名称	项目名称	项目建设主要内容	总投资/万元	建设年限/年	责任区（市）县
1	西门子工业自动化产品（成都）有限公司	自动化产品生产及研发基地项目（三期）	主要建设建筑工业化生产厂房、办公楼、研发楼及附属设施等，建设面积1.25万平方米。主要生产可编程逻辑控制器（PLC）、人机界面（HMI）、工业电脑（IPC）等三大系列产品，年产中央控制模块20万件	55 000	2019—2022	高新区
2	成都长城开发科技有限公司	成都市长城开发智能计量产品研发生产基地项目	总建筑面积7.6万平方米，用于建设智能电表、水表、气表和物联网灰色产品自动化生产线；办公区、教育培训及活动中心、宿舍以及食堂等配套约2万平方米	35 051.26	2019—2021	高新区
3	成都智慧海派科技有限公司	智慧海派成都标准化厂房工程项目(成华区航天通信智慧海派产业园项目)	占地约156亩，总建筑面积约20万平方米，分两期实施。以智慧海派自主安全可控保密型智能终端专用智能终端和自主移动操作系统研发制造为核心，着力打造"4+N"即智能终端、物联网、芯片、汽车电子四大板块，自主安全可控装备或其他军民融合产业于一体的高科技电子信息产业园	150 000	2016—2020	成华区
4	哈工大机器人集团有限公司	哈工大机器人科技产业园项目	建设机器人本体及零部件研发中心和生产基地、机器人展厅等，主要从事机器人产业上下游企业整合以及机器人本体及零部件研发、展示、生产、培训、销售、结算等	120 000	2017—2020	龙泉驿区
5	郑州市钻石精密制造有限公司	精密超硬刀具成都研发生产基地项目	占地约50亩，主要研发生产标/非标PCD/PCBN高效精密刀片、精密珩磨工具、HSK复杂精密刀具、涂层超细硬质合金刀具等	30 000	2017—2019	龙泉驿区
6	成都正西液压设备制造有限公司	正西机器人研发制造基地建设项目	新建研发综合办公楼，员工宿舍含共6 400平方米，其中钢结构车间建筑面积30 800平方米，包含原料车间、下料焊接车间、机加车间、装配车间、改造车间等	37 000	2019—2021	青白江区

附表1（续）

序号	企业名称	项目名称	项目建设主要内容	总投资/万元	建设年限/年	责任区（市）县
7	KEYGREE GROUP CO.,LTD（英国凯格瑞集团公司）	英国凯格瑞集团数字化焊割装备（出口）制造西南基地	焊接机器人、智能数字化焊割装备生产，采用全球最先进的生产工艺，建成10条焊接机器人、智能数字化焊割装备生产出口基地	27 000	2019—2020	青白江区
8	达坦能源科技（上海）有限公司	达坦中国高端装备制造基地及西南区总部项目	一期租用厂房1万平方米，建设高端装备制造基地，计划投资1.25亿元；二期拟征地100亩，建设院士工作站、科研中心和高端装备制造基地等	56 500	2019—2020	新都区
9	川开电气有限公司	智能电气设备研发制造基地技术改造项目	采用智能电气设备，利用智能电气技术，实现智能电气设备研发制造基地技术改造	84 000	2017—2019	双流区
10	彭州先临三维科技有限公司	3D打印创新应用公共服务平台项目	建设3D打印创新应用公共服务平台，建成后5年内服务3 000家工业企业	53 500	2017—2022	彭州市
11	成都增材科技有限责任公司	增材科技金属3D打印建设项目	新建科研中心、中试车间，建筑面积6.4万平方米	31 700	2016—2020	彭州市
12	恒盛智谷（成都）科技发展有限公司	新津区大陆希望天府希望智谷项目	项目分工业与物流板块，其中工业板块占地约245亩，建设面积约11万平方米，拟建设生产厂房及办公楼，物流板块规划建设用地约164亩，建筑面积为214 604平方米、新建仓库、设备用房、办公用房及配套设施等	215 600	2020—2022	新津区
13	深圳市向日葵投资有限公司	军民融合高端智能制造项目	建设高端装备轻质合金零部件、特种多用途机器人等结构件，建设研发中心和平台研发中心和装备制造生产线	300 000	2016—2021	大邑县

附录三、智能制造试点示范和新模式应用典型案例

（一）航空发动机关键零部件加工用精密刀具智能制造生产线项目

1.企业简介

成都邦普切削刀具股份有限公司2018年度实现销售收入1.2亿元，同比增长20.03%，利润总额1 796.75万元，同比增长16.06%；公司是省经济信息化厅认证的新材料企业和"小巨人"企业，是四川省、成都市两级企业技术中心，获得 2017年四川省科技进步一等奖，2018年被工信部确定为智能制造综合标准化和新模式应用企业。

2.企业做法及成效

本项目主要围绕航空发动机关键零部件加工用精密刀具的设计、工艺与制造、检测、应用等产品全生命周期过程，建立面向产品设计、工艺流程、制造的参数化三维数字化仿真平台；基于车间总体设计、工艺流程及布局数字化建模优化结果，开发由高档数控机床与工业机器人、智能传感、控制与检测装备、智能物流与仓储、智能制造模具管理系统等核心技术装备及软件组成的刀具多品种变批量快速响应智能制造系统；突破并应用高精度伺服压力机、精密五轴可转位刀片周边磨床、精密五轴工具磨床等关键短板装备；通过工业以太网及车间无线局域网，实现现场数据采集系统、MES、PLM、ERP等数据信息管理系统的高效协同集成。

项目实施完成后可以实现的效果为：生产效率提高37%，运营成本降低26%，产品升级周期缩短36%，产品不良品率降低25%，单位

产值能耗降低26%。

通过智能生产线建设，提升自主研发能力；适应航空发动机关键零部件加工用精密刀具多品种、定制化制造过程的智能化要求，引导工具行业产品结构、制造技术发展方向，增强工具制造业发展的保障能力。

（二）智能制造血球产品线

1.公司简介

迈克生物股份有限公司是医疗器械行业的高新技术企业，于2015年5月28日在深圳证券交易所创业板成功上市。20多年来，公司一直专注于体外诊断产品的研究、生产、销售和技术服务产业，公司注册并生产的产品400余个，全年试剂生产能力达到千万盒、器械生产能力达到十万台（套）。2018年，公司实现销售收入26.8亿元，居国内市场占有率前三位。

2.企业做法及成效

2018年，公司采用智能配液控制、自动灌装、智能视觉控制等先进的智能制造工艺及技术，与设备生产厂家共同设计并完成投产使用的设备包括物料投料系统、自动配液系统、自动灌装旋盖包装系统等生产设备，对血球生产线进行扩大产能技术改造。

物料投料系统：通过物料的赋码、在线固定配方、投料扫码等方式，避免人为投料时的计算错误、使用错误等异常情况，降低了投料阶段的质量风险。

自动配液系统：通过智能化设备引入，在生产的前期准备、配液时的操作、完成后的数据复核等方面，实现对质量控制点的自动监控，有效避免了人为因素可能导致的质量风险，也大幅提升了生产线的自动化和智能化程度。

自动灌装旋盖包装系统：通过与前端自动配液系统相连，实现物料的适时传输；同时该系统含装量自动检测、自动旋盖及检测、自动贴签及检测、自动打包装箱码垛等设备，有效地降低了生产劳动强度，增强了生产过程的质量控制能力。此外，该系统还包含二维码追溯系统，实现了产品生产的有效追溯。

该项目于2018年12月改造完成，拥有产血球试剂50万盒/年的生产能力；在加强质量控制和降低劳动强度的同时，实现血球试剂生产线生产效率由原来的2分钟/桶提升至0.2分钟/桶；现在5~6人就可实现200吨/天的产能，有效降低人力资源成本30%。同时，项目在满足现阶段产品生产工艺的前提下增加了生产数字化设计，为未来生产数字化管理奠定了基础。

（三）盒体零件数字化柔性制造生产线

1.企业简介

成都四威高科技产业园有限公司是中国电子科技集团有限公司第29所的全资子公司，位于高新西区百草路1181号，从事复杂电子装备集成设计制造（军品）、数字化工厂解决方案及核心产品开发与服务（军民两用）。数字化解决方案核心产品为柔性制造系统（FMS）、制造执行系统（MES）、智能物流系统、智能仓储管理系统。它既是智能制造服务供应商，又是典型用户。

2.企业做法及成效

离散制造智能制造新模式——数字化柔性生产线

适用范围：生产模式为多品种、小批量混线生产或大批量生产；加工对象为外形尺寸相近、装夹类似的零件；加工方式为铣削加工；装夹采用零点定位和柔性工装实现快速装夹；单工序加工时间在0.5小时以上为宜；设备要求为数控设备，具备互联互通功能。

解决企业痛点：熟练工招聘困难、流动性大（成本高）；夜班工作效率低、质量问题多（成本高）；频繁更换装夹、调整程序，设备有效利用率低（效率低）；紧急任务插单对正常任务冲击大（效率低）；质量一致性差，装夹问题、刀具问题、误操作问题频发（质量低）；刀具磨损、断刀等影响质量的刀具故障很难及时识别（质量低）；在制品状态、加工起始时间无法有效监控（管理差）；设备运行情况、故障情况无法有效监控（管理差）。

先进性与创新性：生产模式先进，满足多品种、小批量、高柔性生产需求；零点定位、快速装夹，降低对操作人员的水平要求；机床利用率可达85%；实现设备自动化和数据流动自动化；实现自动在线检测、补偿和预警；无纸化生产，绿色低碳；可实现无人值守生产。

（四）雷达天线系统智能制造试点示范项目

1. 企业简介

成都锦江电子系统工程有限公司于1958年建成投产，是国家"一五"计划期间156项重点建设项目之一。公司主营业务聚焦防空预警探测、气象水文预警预报、技术侦察三大领域，主要产品包括技术侦察系统及工程、预警探测雷达、天气雷达、各型通信测控天线、电磁器件、微波组件等。公司2019年营业收入8亿元，是国家工信部雷达天线系统智能制造示范单位。

2.企业做法及成效

按照智能制造总体规划，公司实施了关键件精密加工数字化车间、无线电子装联大楼等自动化生产线的改造，现均已投入使用。

同时，按信息化系统规划，先后完成PDM系统、结构化工艺管理平台（TC）的部署，并应用条码技术、分布式控制技术，自主开发条码管理（PMMES）系统，并完成制造单元的组网建设，实现了PDM/Teamcenter/PMMES系统的集成，打通了产品数据流通链路。

随着公司智能制造项目的推进，通过2015年至今的逐步建设，在市场、产品设计、生产交付、销售服务、采购管理、质量控制、组织战略、人员能力等方面作了大量工作，均取得了一些进展。

（五）达威科技清洁化高性能皮革化学品智能制造工厂

1.企业简介

四川达威科技股份有限公司成立于2003年，主营业务是皮革化学产品的研发、生产和销售，注册地位于成都市新津区，在成都和上海分别建设了研发基地和生产工厂。达威是中国皮革协会副理事长单位，于2016年在创业板上市，是国内皮革化学产品行业的龙头企业。达威公司产品主要有清洁化制革、着色剂、涂饰材料等几大类产品。产品销售区域覆盖了国内主要的皮革生产加工基地，公司产品已销往东南亚、欧洲等多个国家和地区。

2.企业做法及成效

在天府智能制造产业园建设清洁化高性能皮革化学品智能制

造工厂，总投资近3亿元，占地面积100亩，总建筑面积42 000平方米，在天府智能制造产业园建设智能化工厂，建设智能控制层（DCS、SIS、VXBatch）、智慧生产层（MES）、智能物流与仓储系统、智慧运营层（ERP、OA）等。

通过项目建设，实现智能决策、智慧运营、智慧生产、智能控制、基础设施等上下系统集成打通。

项目建立智能立体仓储，采用四向车密集仓储系统，层数为4层，整体规划6台四向车，4台垂直输送机，四向车可实现换层运行。规划储存货架数量为7 688个货位，可实现全自动出入库。支持与WMS系统对接，应急状态可在WCS系统或者现场ECS操作屏实现出入库操作（需补录出入库信息）。托盘标签采用条形码进行信息管理。入库前需设计有外形尺寸检测和称重装置，确保货物安全入库。项目建成后，年产值53 000吨，成为国内皮革化学品制造领域首个智能工厂。

（六）全友高档家私定制化智能制造项目

1.企业简介

全友家私有限公司（简称"全友家私"）创建于1986年，经过30余载的励精图治，已发展成为集研、产、销于一体的大型现代化家居企业。主要生产板式套房家具、实木家具、床垫、沙发、软床和定制家具、工程家具、卫浴等系列产品，畅销全国，并远销欧美、东南亚多个国家和地区。公司在行业内率先建立了ISO9001质量管理、ISO14001环境管理和OHSMS18001职业健康安全管理三大体系认证；多次荣获"中国最佳售后服务奖""中国最佳特色服务奖"和

"绿色设计国际贡献奖"，并获得"全国售后服务十佳单位""绿色先锋"企业称号等殊荣，于2017年被工信部评为绿色制造示范工厂。

2. 企业做法及成效

结合全友家私智能制造项目的主要建设内容，制定了总体技术路线规划，按照"顶层设计、逐步精化"的原则，从智能制造系统到数字化车间再到数字化生产线以及关键的生产设备等硬件设施和MES、ERP、SAP等支撑信息化软件两大路线，逐步实现设备的互联互通、软硬件的深度融合。

项目通过对现有数字化生产车间、信息化系统及数字化设计系统的升级、改造及系统融合集成，基于移动互联网、工业互联网，以设备组网、数据采集、可视化监控系统、信息安全等系统为核心，结合"新零售"电商模式，打造智能生产+网络商城+定制设计+全域宅配的全友家具智能制造新模式。运用大数据云计算技术以及移动互联云设计技术，提升供应链协同水平，形成供应链整体竞争优势。

为实现项目目标，完成项目建设内容，项目总技术路线以系统总体框架规划、支撑平台建设、产线集成开发为主线，综合集成现代管理、互联网、物联网、系统仿真、人工智能等相关智能制造基础理论和技术，突破家居行业产品及其智能制造的技术瓶颈，最终形成与之相适应的可推广的智能制造新模式。打造营销个性化、生产柔性化、物流社会化的业务运作模式，实现高端家具产品从客户定制化设计、数字化车间定制生产、多样化物流配送、现场安装全流程互联互通，信息高度共享，产品、物流信息全流程可采集、可追溯，生产制造全过程智能可控、可视化管理。使得管理效率、产量、产品质量全面提升，满足客户的个性需求和服务，探索传统家具行业生产销售模式转型升级的技术路线。

项目建成后，达到30万套仓储能力，实现高档家私从客户定制设计到工厂生产、物流配送、现场安装的全过程数字化、信息化、智能化。生产效率提高20%，产品不良率降低25%，设备利用率提高20%，运营成本降低20%，产品研制周期缩短30%，能源利用率提高10%，增强了全友家私的国际市场竞争力。

（七）成都巴莫科技有限责任公司"高端锂离子电池材料智能生产车间"项目

1.企业简介

成都巴莫科技有限责任公司（简称"成都巴莫"）成立于2015年8月17日，是从事锂离子电池高端材料研发、生产的高科技企业。注册资本为10.3亿元，坐落于成都市淮州新城产业功能区，是天津巴莫科技有限责任公司（简称"天津巴莫"）的全资子公司。主要产品为高镍材料、三元材料及高电压氧化钴锂材料等高端锂离子电池正极材料，主要客户为韩国LGC、三星SDI、宁德时代等国际前十的高端锂离子电池制造商。

2. 企业做法及成效

本项目通过数字化建模与生产仿真建立实体生产线的镜像数字化模型，通过建设智能制造基础设施为智能制造系统打造一个稳定、高速和可靠的运行环境。在上述基础上，建设了锂离子车间智能生产线，通过数据采集系统SCADA系统实时从生产线采集各类数据，使生产线具备泛感知能力和强大的数据采集、存储和管理能力。通过

MES系统集成SCADA系统数据，完成生产的组织、运行与管理，并为生成信息化子系统提供生产过程数据，工业大数据平台从底层信息子系统如SCADA、MES以及ERP等系统中采集数据，经过数据梳理、数据融合、数据治理与数据管理，形成工业大数据平台，通过大数据应用接口为上层的可视化管控系统和决策辅助系统提供有效数据。公司云协同平台通过VPN网络技术，与天津巴莫构建出一个运营的整体，相互协作，提升生产效率。

项目的实施，提升了企业产品竞争力及企业服务客户的能力，主要体现在提升了生产管控和质量管控能力、产品质量水平及产品的创新能力；加快了工作进程，提高了响应速度，客户满意度显著提升；提高了生产线自动化程度，实现了减员增效、降低成本。

项目的实施，建立了自动化生产线，设备的数控化率达到99.46%，自动化率达到99.46%，自动化程度大幅提高。现场作业人员的数量显著减少，生产效率大幅提高，综合管理费用显著下降，综合单吨运营成本降低了54.5%。

项目的实施，建立了自动化智能化生产线，产能达到10 000吨/年以上。2017—2019年，累计实现产品销售收入587 596.77万元，出口创汇24 390.41万美元，净利润总额19 451.58万元，经济效益十分显著。

本项目开发的流程型MES系统与SCADA系统深度融合，并结合算法分析，形成了准确的产品批次与生产节拍数据，可在流程型MSE产品中广泛推广，打破了国内流程型MES系统被国外厂商垄断的局面，为国内流程型生产企业的智能化改造提供了新模式。